# PREFÁCIO

Wikimedia Commons

O curso da humanidade sempre foi marcado pelo conflito e pela guerra. Civilizações foram erguidas, atingiram seu apogeu e acabaram atacadas e destruídas por outros povos que absorveram as conquistas, conhecimento e riquezas das culturas que dominaram. Nunca, porém, um evento foi tão destrutivo e mortal quanto a Segunda Guerra Mundial. Este guia conta a história da guerra por meio de fotos tiradas durante as principais batalhas e campanhas, trazendo ao leitor, além de uma visão abrangente dos acontecimentos que determinaram o resultado da guerra, a emoção das imagens.

Boa leitura!

***Claudio Blanc***
www.revistaonline.com.br
redacao@editoraonline.com.br

Wikimedia Commons

Wikimedia Commons

Wikimedia Commons




CIP-BRASIL. CATALOGAÇÃO NA PUBLICAÇÃO
SINDICATO NACIONAL DOS EDITORES DE LIVROS, RJ
G971

GUIA A SEGUNDA GUERRA MUNDIAL EM 500 FOTOGRAFIAS. -- 1. ED.
SÃO PAULO : ON LINE, 2016.
IL.

ISBN 978-85-432-1387-3

1. GUERRA MUNDIAL, 1939-1945. I. TÍTULO.

16-33976 CDD: 940.53
CDU: 94(100)'1939/1945'

20/06/2016 20/06/2016

Wikimedia Commons


**PRESIDENTE:** Paulo Roberto Houch • **VICE-PRESIDENTE EDITORIAL:** Andrea Calmon (redacao@editoraonline.com.br) • **JORNALISTA RESPONSÁVEL:** Andrea Calmon (MTB 47714) • **COORDENADOR DE ARTE:** Rubens Martim (diagramacao@editoraonline.com.br) • **COLABORARAM NESTA EDIÇÃO:** Claudio Blanc (redação, edição e pesquisa iconográfica) • Beth Nito e Sergio Alberto – Storm Graphics Programação Visual (Arte) • **GERENTE COMERCIAL:** Elaine Houch (elainehouch@editoraonline.com.br) • **SUPERVISOR DE MARKETING:** Vinicius Fernandes • **ASSISTENTE DE MARKETING:** José Antonio • **CANAIS ALTERNATIVOS:** Luiz Carlos Sarra • **DEP. VENDAS:** (11) 3687-0099 (vendaatacado@editoraonline.com.br) • **VENDAS A REVENDEDORES:** (11) 3687-0099/ 7727-8678 (luizcarlos@editoraonline.com.br) • **DIRETORA ADMINISTRATIVA:** Jacy Regina Dalle Lucca • Impresso na **ÍNDIA** • Distribuição no Brasil por DINAP • **GUIA 2ª GUERRA MUNDIAL EM 500 FOTOGRAFIAS** é uma publicação do IBC Instituto Brasileiro de Cultura Ltda. – Caixa Postal 61085 – CEP 05001-970 – São Paulo – SP – Tel.: (0**11) 3393-7777 •  Números atrasados com o IBC ou por intermédio do seu jornaleiro ao preço da última edição acrescido das despesas de envio. Para adquirir com o IBC: www.revistaonline.com.br; Tel.: (0**11) 3512-9477; ou Caixa Postal 61085 – CEP 05001-970 – São Paulo – SP.

# ÍNDICE

## 1944



## 1945

Wikimedia Commons

Wikimedia Commons

# PRELÚDIO

▶ Não passarão! Bandeira republicana em Madri durante o cerco à cidade, 1936-1939. A capital espanhola finalmente caiu nas mãos dos nacionalistas em 28 de março de 1939

## 1 de abril

A Guerra Civil Espanhola termina com vitória dos nacionalistas. A Espanha torna-se uma ditadura com Francisco Franco como chefe do novo governo. O conflito foi uma espécie de laboratório de ensaio para as potências internacionais que iriam se enfrentar a partir de 1939.

## 07-12 de abril

A Itália invade a Albânia e anexa o país através de uma união com a coroa albanesa.

## 22 de maio

O Pacto de Aço, conhecido formalmente como o "Pacto de Amizade e Aliança entre Alemanha e Itália", é assinado pela Itália fascista e a Alemanha nazista. O acordo declara a cooperação entre os dois poderes e firma, por meio de um anexo secreto, uma aliança militar.

Wikimedia Commons

Wikimedia Commons

▶▲ Soldados italianos na Albânia...

▶ ... e a bandeira do país sob o domínio da Itália

▼ Galeazzo Ciano, Adolf Hitler e Joachim Von Ribbentrop, na assinatura do Pacto de Aço na Reichskanzlei, a Chancelaria do Reich em Berlim

Wikimedia Commons

Wikimedia Commons

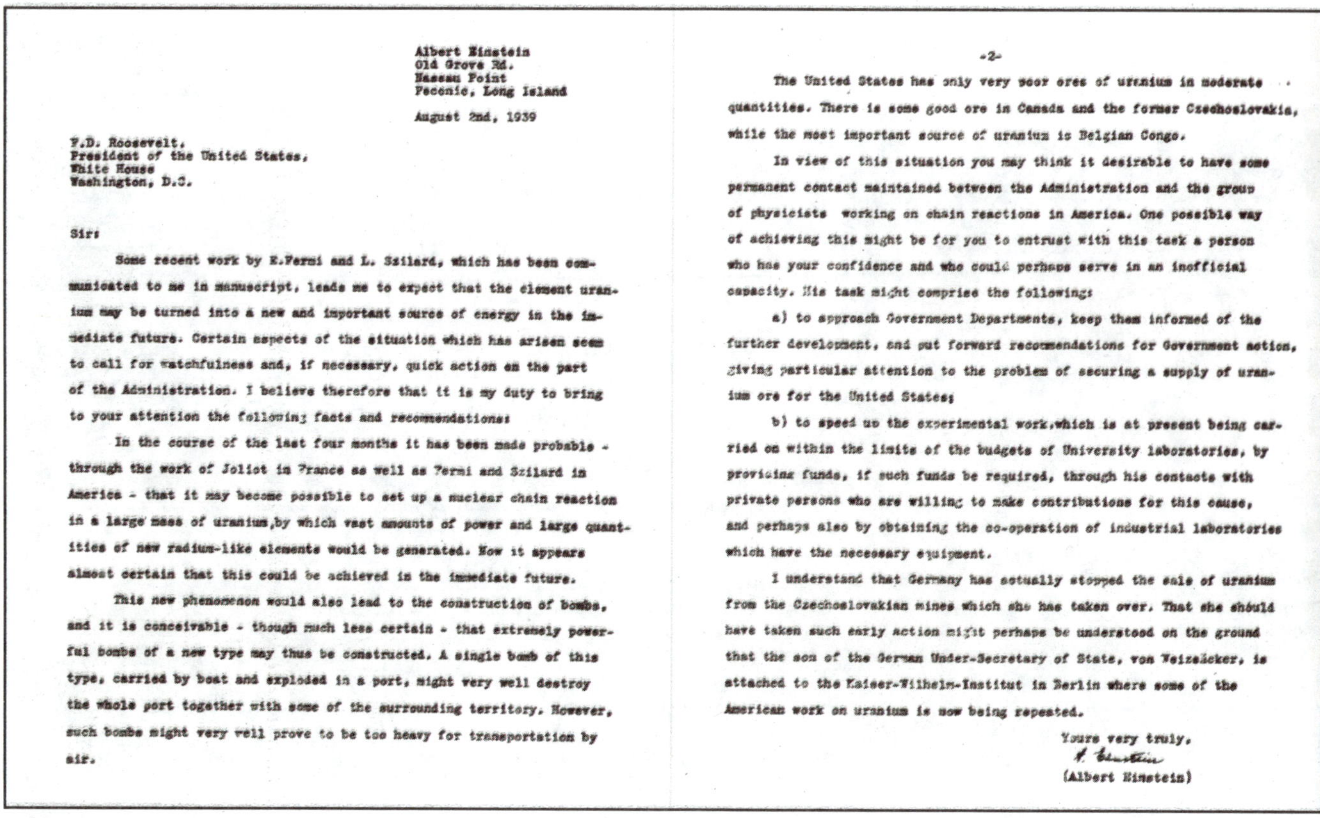

Albert Einstein
Old Grove Rd.
Nassau Point
Peconic, Long Island

August 2nd, 1939

F.D. Roosevelt,
President of the United States,
White House
Washington, D.C.

Sir:

Some recent work by E.Fermi and L. Szilard, which has been communicated to me in manuscript, leads me to expect that the element uranium may be turned into a new and important source of energy in the immediate future. Certain aspects of the situation which has arisen seem to call for watchfulness and, if necessary, quick action on the part of the Administration. I believe therefore that it is my duty to bring to your attention the following facts and recommendations:

In the course of the last four months it has been made probable - through the work of Joliot in France as well as Fermi and Szilard in America - that it may become possible to set up a nuclear chain reaction in a large mass of uranium, by which vast amounts of power and large quantities of new radium-like elements would be generated. Now it appears almost certain that this could be achieved in the immediate future.

This new phenomenon would also lead to the construction of bombs, and it is conceivable - though much less certain - that extremely powerful bombs of a new type may thus be constructed. A single bomb of this type, carried by boat and exploded in a port, might very well destroy the whole port together with some of the surrounding territory. However, such bombs might very well prove to be too heavy for transportation by air.

-2-

The United States has only very poor ores of uranium in moderate quantities. There is some good ore in Canada and the former Czechoslovakia, while the most important source of uranium is Belgian Congo.

In view of this situation you may think it desirable to have some permanent contact maintained between the Administration and the group of physicists working on chain reactions in America. One possible way of achieving this might be for you to entrust with this task a person who has your confidence and who could perhaps serve in an inofficial capacity. His task might comprise the following:

a) to approach Government Departments, keep them informed of the further development, and put forward recommendations for Government action, giving particular attention to the problem of securing a supply of uranium ore for the United States;

b) to speed up the experimental work, which is at present being carried on within the limits of the budgets of University laboratories, by providing funds, if such funds be required, through his contacts with private persons who are willing to make contributions for this cause, and perhaps also by obtaining the co-operation of industrial laboratories which have the necessary equipment.

I understand that Germany has actually stopped the sale of uranium from the Czechoslovakian mines which she has taken over. That she should have taken such early action might perhaps be understood on the ground that the son of the German Under-Secretary of State, von Weizsäcker, is attached to the Kaiser-Wilhelm-Institut in Berlin where some of the American work on uranium is now being repeated.

Yours very truly,
A. Einstein
(Albert Einstein)

Wikimedia Commons

## 02 de agosto

A carta de Einstein-Szilárd é enviada ao presidente americano Franklin D. Roosevelt. Escrito por Leó Szilárd e assinada por Albert Einstein, o documento alertava para o perigo de a Alemanha poder vir a desenvolver bombas atômicas. A carta recomendava ação por parte de Roosevelt e, eventualmente, resultou no Projeto Manhattan.

## 23 de agosto

O Pacto Molotov-Ribbentrop, mais conhecido como Tratado de Não Agressão Mútua, é assinado entre a Alemanha nazista e a União Soviética, com as disposições secretas para a divisão da Europa Oriental - ocupação conjunta da Polônia e ocupação soviética do Báltico, Finlândia e Bessarábia. O pacto determinava que não haveria intervenção soviética durante a invasão alemã da Polônia.

Wikimedia Commons

Wikimedia Commons

▲ **A carta, concebida e escrita pelo físico judeu-húngaro Leo Szilárd (esquerda) e assinada por Einstein, resultou na criação do Projeto Manhattan e na invenção da bomba atômica**

▶ **Albert Einstein, em 1921**

▶▶ **Leo Szilárd**

Wikimedia Commons

## 30 agosto

A Alemanha dá um ultimato à Polônia exigindo o Corredor Polonês e a Cidade Livre de Danzig.

## 1 de setembro

Sem resposta ao seu ultimato, Alemanha invade a Polônia, Iniciando a II Guerra Mundial.

Wikimedia Commons

Wikimedia Commons

Wikimedia Commons

◀▲▲ Stalin e Ribbentrop após a assinatura do pacto

◀▲ 1° de setembro de 1939: os alemães derrubam a fronteira da Polônia. Tem início a Segunda Guerra Mundial.

◀ Soldado polonês à espera dos nazistas depois de a Polônia não responder ao ultimato alemão

▲ Infantaria polonesa em 1939

# A 2ª GUERRA MUNDIAL

## A INVASÃO DA POLÔNIA

Em 1 de setembro de 1939, os nazistas invadiram a Polônia. Dois dias depois, a Grã-Bretanha, a França, a Austrália e a Nova Zelândia declararam guerra à Alemanha. Os alemães não se intimidaram e continuaram sua campanha. A blitzkrieg, ou "guerra relâmpago", a estratégia alemã baseada no ataque rápido e de surpresa, tomou a Dinamarca e a Noruega, capturando importantes portos estratégicos. Em meio à crise, o primeiro-ministro Neville Chamberlain resignou e foi substituído por Winston Churchill, em 10 de maio de 1940. Naquele mesmo dia, as forças de Hitler invadiram Luxemburgo, Bélgica e Holanda

Wikimedia Commons

Wikimedia Commons

Wikimedia Commons

▶▶▲ Neville Chamberlain, primeiro-ministro inglês que negociou com Hitler

▶ Chamberlain e Hitler, em 1938

▶▶ Tanques leves poloneses em formação durante os primeiros dias da Guerra Defensiva, em 1939

▼ Batalha de Bzura: Cavalaria polonesa em Sochaczew em 1939

Wikimedia Commons

# A BATALHA DE BZURA

## 9 a 19 setembro

A Batalha de Bzura, também conhecida como Batalha do Rio Bzura e Batalha de Kutno, foi um contra-ataque polonês em resposta à invasão da Polônia. Embora as forças polonesas tenham sido todas derrotadas, o ataque atrasou o avanço alemão, dando algum tempo para o exército polonês organizar suas defesas

Wikimedia Commons

# BATALHA DE MŁAWA

## 1 a 3 de setembro

Esse combate, em defesa da cidade de Mława, foi uma das batalhas da abertura da Invasão da Polônia e da Segunda Guerra Mundial, travada entre as forças do general polonês Krukowicz-Przedrzymirski e do general alemão Georg von Küchler

Wikimedia Commons

▶▲ Cavalaria polonesa na batalha

▶ A infantaria polonesa avança

▼ Artilharia antiaérea polonesa destruída pela Luftwaffe

▼▶ Infantaria alemã em marcha durante a invasão da Polônia.

Wikimedia Commons

Wikimedia Commons

Wikimedia Commons

# BATALHA DE TOMASZOW LUBELSKI

## 17 a 20 de setembro

A Batalha de Tomaszow Lubelski foi a segunda maior batalha da campanha alemã na Polônia, resultando na vitória alemã

◀ Bunker polonês

▼ Caça P-11 polonês em uma base

▼▼◀ Infantaria alemã em combate de rua durante a campanha polonesa

▼▼ Um tanque leve polonês 7TP

▶ Um civil metralhado pela Luftwaffe

Wikimedia Commons

Wikimedia Commons

Wikimedia Commons

Wikimedia Commons

Wikimedia Commons

# BATALHA DE VARSÓVIA

## 8 a 28 de setembro

A Batalha de Varsóvia foi a maior batalha da invasão da Polônia pela Alemanha nazista. Além das tropas alemãs e polonesas, uma pequena milícia de civis voluntários de Varsóvia tomou parte nos combates. A ocupação alemã durou até a libertação da cidade, pelos aliados, em 17 de janeiro de 1945

Wikimedia Commons

**◄▲ Prisioneiros de guerra assassinados pelos nazistas.**

**◄ Os soldados poloneses com artilharia antiaérea perto da Estação Central de Varsóvia durante os primeiros dias de setembro de 1939**

**◄▼ Fuzilamento de civis poloneses por uma força-tarefa alemã**

**▼ O centro de Varsóvia em chamas, após ataque aéreo**

Wikimedia Commons

Wikimedia Commons

Wikimedia Commons

◀ Refugiados civis em Varsóvia

▼ Vista aérea dos incêndios em Varsóvia, setembro 1939

▼▼ Sobrevivente do bombardeio de Varsóvia, fotografado por Julien Bryan

Wikimedia Commons

Wikimedia Commons

Wikimedia Commons

Wikimedia Commons

Wikimedia Commons

▲ Soldados alemães removendo a insígnia do governo polonês

▲▶ Alto escalão nazista: Adolf Hitler, Walter von Reichenau, Erwin Rommel e Martin Bormann observando o cerco de Varsóvia

▶ Os negociadores poloneses na fábrica Skoda, em Varsóvia, durante a capitulação

▼ Civis famintos tentam obter carne da carcaças de cavalos mortos

Wikimedia Commons

Wikimedia Commons

Wikimedia Commons

Wikimedia Commons

▲ Junkers Ju 87 ("Stukas") sobre a Polônia

◄ Soldados poloneses marcham para o cativeiro, após a capitulação

◄▼ Soldados alemães e soviético cumprimentam-se depois da invasão

## OFENSIVA DE SAAR

### 7 a 16 de setembro

Operação terrestre francesa em Saarland, Alemanha, durante os primeiros estágios da Segunda Guerra Mundial. Embora trinta divisões do exército francês tenham avançado até a fronteira – e em alguns casos para além dela –, a vitória rápida na Polônia permitiu que a Alemanha reforçasse suas linhas, interrompendo a ofensiva.

As forças francesas se retiraram em meio a uma contraofensiva alemã em 17 de outubro.

▼ Soldado francês na vila alemã de Lauterbach, em Saarland

▶ Luis Faura, chefe da missão militar francesa na Polônia

▼▼ Tropas Panzer alemãs

Wikimedia Commons

Wikimedia Commons

Wikimedia Commons

Wikimedia Commons

Wikimedia Commons

Wikimedia Commons

## BATALHA DE KOCK

### 2 a 5 de outubro

Batalha final na invasão da Polônia, travada na cidade que deu seu nome ao combate, concluiu a invasão alemã

Wikimedia Commons

**▲▲ Soldados alemães transportando equipamento**

**▲ Prisioneiros de guerra poloneses em um campo de trânsito, setembro 1939**

**▶▲ Soldados franceses durante a Operação Saar, ao sul de Saarbrücken**

**▶ Cadáveres de soldados poloneses em uma vala na estrada**

▶ O comandante da Força Expedicionária Britânica,, Lord Gort e o comandante supremo do exército francês Maurice Gamelin em outubro de 1939

▼ Rei Leopoldo III e ministro da Defesa da Bélgica Denis; à esquerda um T-15, tanque das Forças Armadas belgas

▶▼ Novembro 1939: Membros da Força Expedicionária Britânica e da Força Aérea Francesa em frente de uma caixa etiquetada com o endereço do primeiro-ministro britânico

▼▼ Soldados britânicos da British Expedicionary Force (BEF) em Cherbourg, França

Wikimedia Commons

Wikimedia Commons

Wikimedia Commons

Wikimedia Commons

Wikimedia Commons

Wikimedia Commons

## BATALHA DO ATLÂNTICO
### 3 de setembro de 1939 a 8 de maio de 1945

A Batalha do Atlântico marcou toda a Segunda Guerra Mundial. Travada no Atlântico entre as potências europeias do Eixo e os aliados, seu objetivo por parte dos nazistas era bloquear as rotas navais aliadas no Atlântico, buscando impedir a chegada de suprimentos ao Reino Unido e à União Soviética e a chegada de tropas americanas ao Teatro Europeu de Operações

Wikimedia Commons

▲ Um SB2U Vindicator em patrulha antisubmarina, a caminho da Cidade do Cabo (27 de novembro de 1941)

▶▲ Oficiais na ponte de um destroier britânico de escolta vigiam submarinos inimigos (outubro 1941)

▶ Um submarino dispara contra navio mercante que se manteve à tona depois de ter sido torpedeado

Wikimedia Commons

◀ Karl Dönitz, comandante de submarinos alemães entre 1935 e 1943 e comandante-em-chefe da Marinha alemã entre 1943 e 1945

▼ O HMS Hood antes de ser afundado pelo navio de guerra alemão Bismarck (24 de maio de 1941)

▼▼ Petroleiro Dixie Arrow, torpedeado por um submarino U-71 (em 1942)

Wikimedia Commons

Wikimedia Commons

Wikimedia Commons

◀ Carga de profundidade sendo carregada a bordo da corveta HMS Dianthus, em Londonderry (14 de agosto de 1942)

◀▼ Hedgehog: morteiro antisubmarino instalado na proa do destróier HMS Westcott

▼ Sea Hurricane Mk II na catapulta de um CAM, navio mercante equipado com esse recurso

▼▼ Um comboio aliado com destino a Casablanca, Marrocos (novembro de 1942)

Wikimedia Commons

Wikimedia Commons

Wikimedia Commons

Wikimedia Commons

Wikimedia Commons

Wikimedia Commons

▲▲ Uma pintura de um navio-tanque em chamas no Atlântico Norte pelo tenente-comandante Anton Otto Fischer (fevereiro de 1943)

◀ Leigh Light: equipamento para localização de submarino (26 de fevereiro de 1944)

▲ U-848 sob ataque de aviões aliados no Atlântico Sul (5 de novembro 1943)

▶ Cargas de profundidade lançadas da popa do HMS Starling, responsável pelo afundamento de 14 U-boats durante a guerra

Wikimedia Commons

▶ A Marinha do Brasil na guerra antisubmarina do Atlântico Sul (1942)

▼ U 459 depois de ser atingido por um Vickers Wellington

▼▶ O Wake Island, navio de escolta da classe Casablanca

▼▼ Marinheiros canadenses hasteiam a bandeira da Marinha Real em submarino alemão capturado em St. John, Terra Nova (1945)

Wikimedia Commons

Wikimedia Commons

Wikimedia Commons

Wikimedia Commons

# 1940

Wikimedia Commons

## BATALHA DOS PAÍSES BAIXOS

### 10 a 17 de maio

A Batalha dos Países Baixos, parte da Batalha da França, foi a invasão alemã dos países baixos (Bélgica, Luxemburgo e Holanda) e da França. A batalha terminou logo após o bombardeio de Roterdã pela Luftwaffe. Os países baixos permaneceram sob ocupação alemã até 1945

Wikimedia Commons

▲▲ O marinheiro Inglês Alfred R. Newall a bordo de Suffolk

▲ Os destroços em chamas do Admiral Graf Spee depois da explosão na foz do Rio da Prata

▶ O centro de Roterdã destruídos após bombardeio

Wikimedia Commons

Wikimedia Commons

Wikimedia Commons

Wikimedia Commons

**▲▲ Tropas alemãs nos Países Baixos em 10 de maio de 1940**

**◀ Soldados holandeses em guarda, novembro 1939**

**▲ Canhão antiaéreo móvel holandês do tempo da Primeira Guerra**

# BATALHA DA BÉLGICA

Também chamada de Campanha Belga ou Campanha dos 18 Dias, fez parte da Batalha de França. Com essa operação, a Alemanha derrotou e ocupou a Bélgica de acordo com o Plano Amarelo (Fall Gelb). Foram 18 dias de fortes combates. O Exército belga foi um adversário duro, mas sua derrota forçou a retirada dos aliados do continente europeu

Wikimedia Commons

Wikimedia Commons

▶▲ Soldados belgas descansam na estrada

▶ Prisioneiros belgas sob guarda dos alemães após a queda do Fort Eben-Emael (11 de maio de 1940)

▼ Os conquistadores do Forte Eben Emael em Liège

Wikimedia Commons

Wikimedia Commons

Wikimedia Commons

# BATALHA DA FRANÇA

A Batalha da França, ou Queda da França, foi resultado da operação de invasão da França e dos Países Baixos pela Alemanha Nazista. Unidades blindadas alemãs flanquearam a Linha Maginot e derrotaram os defensores aliados. A Força Expedicionária Britânica foi evacuada em Dunquerque na Operação Dínamo, e muitas unidades francesas juntaram-se à Resistência ou passaram para o lado dos aliados

Wikimedia Commons

▲◀ Soldados alemães apreendem armas belgas em Bruges após a rendição

▲▲ Homens do 1st Royal Welch Fusiliers (País de Gales) perto de Etaples (fevereiro 1940)

▲ Refugiados de guerra em uma estrada francesa

▼ Tropas alemãs em Paris

Wikimedia Commons

Wikimedia Commons

# BATALHA DE DUNQUERQUE

## 25 de Maio a 4 de Junho

Durante este confronto, uma grande força britânica e francesa ficou encurralada por uma divisão panzer alemã a nordeste da França, entre o canal costeiro de Calais. Mais de 300 mil soldados aliados foram evacuados por via marítima. Nesse episódio, um dos mais marcantes da guerra, até iates de passeio foram utilizados para retirar os combatentes. Não fosse o fato de estarem separados do continente pelo mar, os países da Grã-Bretanha teriam sido submetidos, e a guerra teria tido outro resultado

Wikimedia Commons

▲ As tropas britânicas evacuam Dunquerque

▶ Soldados britânicos em Dunquerque disparam contra aviões alemães

▼ Soldados britânicos que escapam de Dunquerque

Wikimedia Commons

# BATALHA DA GRÃ-BRETANHA

Depois da retirada das tropas britânicas de Dunquerque, Hitler iniciou uma campanha de bombardeio contra a Grã-Bretanha. Numa guerra área maciça, a Luftwaffe, a Força Aérea alemã, atacou bases da Real Força Aérea britânica, a RAF. Por volta de setembro de 1940, os alemães acharam que tinham destruído completamente a RAF e começaram a Blitz, como se chamou a série de bombardeios sobre Londres. Contudo, os britânicos resistiram até os nazistas interromperem a Blitz, em maio de 1941

Wikimedia Commons

Wikimedia Commons

Wikimedia Commons

Wikimedia Commons

▲▲ Membro do Observer Corps vigia os céus de Londres

▲◀ Um piloto de Spitfire conta como ele derrubou um Messerschmitt (setembro 1940)

▲ A imagem mostra disparos de munição tipo tracer de um Supermarine Spitfire Mark I de No. 609 Squadron RAF, pilotado pelo tenente J H G McArthur (25 de setembro de 1940)

◀ Membros do Serviço de Combate ao Fogo de Londres: depois dos bombardeios, os incêndios se alastravam

## OPERAÇÃO BARBAROSSA

A Operação Barbarossa foi o nome código da invasão nazista à União Soviética iniciada em 22 de junho de 1941. Ao longo da campanha, cerca de quatro milhões de soldados do Eixo invadiram a União das Repúblicas Socialistas Soviéticas formando um front de 2,9 mil quilômetros – a maior força de invasão da história. Além do grande número de soldados, os nazistas também empregaram nesse esforço 600 mil veículos e cerca de 700 mil cavalos.
A operação foi motivada pelo desejo ideológico de Hitler de conquistar os territórios soviéticos, conforme ele havia estabelecido em seu livro Mein Kampf. A invasão marcou a rápida intensificação da guerra e promoveu a formação da coalizão aliada. Muitos críticos afirmam que a Operação Barbarossa foi o maior erro de Hitler

▲▲▲ Tanques que equipavam o Exército Vermelho na época da invasão: da esquerda para a direita, a BT-7, o protótipo A-20, o T-34 modelo 1940 e o modelo T-34 de 1941

▲▲Concentração de veículos e tanques Panzer III, na Polônia, na véspera do início da Operação Barbarossa

▲Tanque pesado KV-1 soviético destruído perto de Kaunas (junho de 1941)

▶ Panzer IV em movimento antes do desencadeamento da operação

▼ Soldados alemães armados com lança-chamas na União Soviética

Wikimedia Commons

Wikimedia Commons

Wikimedia Commons

Wikimedia Commons

Wikimedia Commons

Wikimedia Commons

▲▲◀ O exército alemão bloqueado pela lama durante o outono de 1941

▲▲ Crianças bielorrussas durante um ataque aéreo nazista (24 de junho de 1941)

▲ Panzer III da 18ª Divisão Panzer cruzando um rio na Europa Central

◀ Oficial cossaco do exército alemão

Wikimedia Commons

Wikimedia Commons

Wikimedia Commons

Wikimedia Commons

**▲▲◄ Tropas da Wehrmacht cruzam a fronteira da URSS**

**▲▲ O marechal Zhukov, comandante-em-chefe das Forças Armadas soviéticas durante a Segunda Guerra falando numa conferência militar em Moscou (setembro 1941)**

**▲ Soldado de infantaria alemã passa por um BT-5 em chamas e por um membro da tripulação morto na Ucrânia (junho 1941)**

**◄ Os princípios de mobilidade e surpresa que caracterizaram a estratégia da Wehrmacht, chamada de Blitzkrieg, ainda prevalecem durante o verão e outono de 1941**

Wikimedia Commons

◀ General Heinz Guderian, comandante das forças Panzer na França e Polônia, em um posto de comando avançado de um regimento Panzer perto de Kiev

▼ O comandante da SS Heinrich Himmler inspeciona um campo de prisioneiros de guerra na Frente Russa

Wikimedia Commons

Wikimedia Commons

Wikimedia Commons

Wikimedia Commons

# BATALHA DE SMOLENSK

## 6 de julho a 5 de agosto

Batalha pela cidade de Smolensk, a meio caminho de Moscou, concluindo a conquista da Bielorrússia. A operação terminou com vitória alemã

▲▲ Aviões soviéticos sobrevoam posições alemãs perto de Moscou

▲ Soldados alemães numa aldeia perto de Mogilev no Dnieper

▲▶ Soldado alemão com um lança-chamas

▶ Soldados do Exército Vermelho perto de Smolensk

Wikimedia Commons

▶ O general Konstantinovich Tymoshenko (1895-1970), que comandou as forças soviéticas na batalha

▼ Tanques e veículos alemães perto de Vitebsk, provavelmente, a 20ª Divisão Blindada do Corpo Motorizado

▼▼ Soldados soviéticos lutando em Dorogobuzh (1 de setembro de 1941)

Wikimedia Commons

Wikimedia Commons

Wikimedia Commons

# BATALHA DE KIEV

## 7 de agosto a 26 de setembro

Operação que efetuou um grande cerco de tropas soviéticas nos arredores de Kiev. Foi o maior cerco de tropas na história, com quase toda a Frente Sudoeste do Exército Vermelho cercada pelos alemães – cerca de 665 mil soldados. No entanto, pequenos grupos de tropas do Exército Vermelho conseguiu escapar. A Batalha de Kiev foi uma derrota sem precedentes do Exército Vermelho

Wikimedia Commons

▶ **Vanguarda da Wehrmacht construindo ponte flutuante em Kiev, setembro 1941**

▼ **Artilharia alemã com vista para o rio Dnieper após a queda de Kiev**

▼▶ **Bravura: 107.540 soviéticos foram premiados com a medalha pela a defesa de Kiev**

Wikimedia Commons

Wikimedia Commons

Wikimedia Commons

Wikimedia Commons

Wikimedia Commons

Wikimedia Commons

▲▲◀ Kiev após os bombardeios

▲▲ Uma das posições da Wehrmacht em Kiev, capturada no dia anterior

▲ Soldados alemães na campanha da Rússia

◀ Dezembro de 1941: forças soviéticas recém-convocadas vão para a frente de Moscou

## BATALHA DE MOSCOU

### 2 de outubro de 1941 a 7 de janeiro de 1942

A Batalha de Moscou ocorreu ao longo de uma linha de combate de 600 quilômetros, entre outubro de 1941 e janeiro de 1942. O esforço defensivo soviético frustrou o ataque nazista à capital da União das Repúblicas Socialista Soviéticas, um dos objetivos militares e políticos básicos das forças do Eixo

▲◀ Desfile das tropas soviéticas na Praça Vermelha em 7 de novembro de 1941 retratado nesta pintura de 1949 por Konstantin Yuon, a qual vividamente demonstra a importância simbólica do evento

▲ Soldados alemães na neve pesada de Moscou

◀ Com todos os homens na frente, mulheres cavam trincheiras antitanque em torno de Moscou

▼ A lama e neve se acumulam nos arredores de Moscou em novembro 1941

▶ Cartaz soviético: "Vamos resistir por Moscou!"

Wikimedia Commons

Wikimedia Commons

Wikimedia Commons

▲ **Soldados alemães se rendem**

▶ **Adaptados ao clima: membros do Batalhão de Esquiadores do Exército Vermelho, em Moscou**

▼ **Ninho de metralhadora soviético atacando a infantaria alemã perto de Tulum (em novembro de 1941)**

Wikimedia Commons

# ATAQUE A PEARL HARBOR

Até o final de 1941, apesar de não estarem ainda em guerra, os Estados Unidos colaboravam fornecendo ajuda financeira e suprimentos no esforço contra o Eixo. Quando o Japão invadiu o norte da Indochina, os Estados Unidos boicotaram os japoneses, cortando suprimentos. Não havia alternativa ao País do Sol Nascente a não ser lutar contra quem bloqueava seus planos de expansão. Em 7 de dezembro de 1941, uma força-tarefa japonesa atacou a Frota do Pacífico dos Estados Unidos, estacionada em Pearl Harbor, Havaí. O evento lançou os EUA à guerra

Wikimedia Commons

Wikimedia Commons

▲ Pearl Harbor, vista do lado sudoeste da base

◀ Um caça japonês Mitsubishi A6M Zero no porta-aviões Akagi

▼ Fotografia da fila de batalha feita a partir da frota japonesa, no início do ataque

Wikimedia Commons

▶ O USS Arizona durante o ataque

▼ Um dos Vindicators destruídos no campo de pouso de Ewa, em Pearl Harbor

▼▼ Os membros da tripulação do Shokaku lançam o ataque

Wikimedia Commons

Wikimedia Commons

Wikimedia Commons

Wikimedia Commons

Wikimedia Commons

▲ O USS California afundando

◀ Um Aichi D3A Tipo 99 kanbaku (bombardeiro de mergulho) lançado a partir do porta-aviões Akagi, parte do esquadrão da segunda onda de ataque a Pearl Harbor

◀▼ Explosão do destroier USS Shaw, outro dos navios de guerra americanos que foram afundados no ataque

▼ O USS Arizona explode

Wikimedia Commons

Wikimedia Commons

Wikimedia Commons

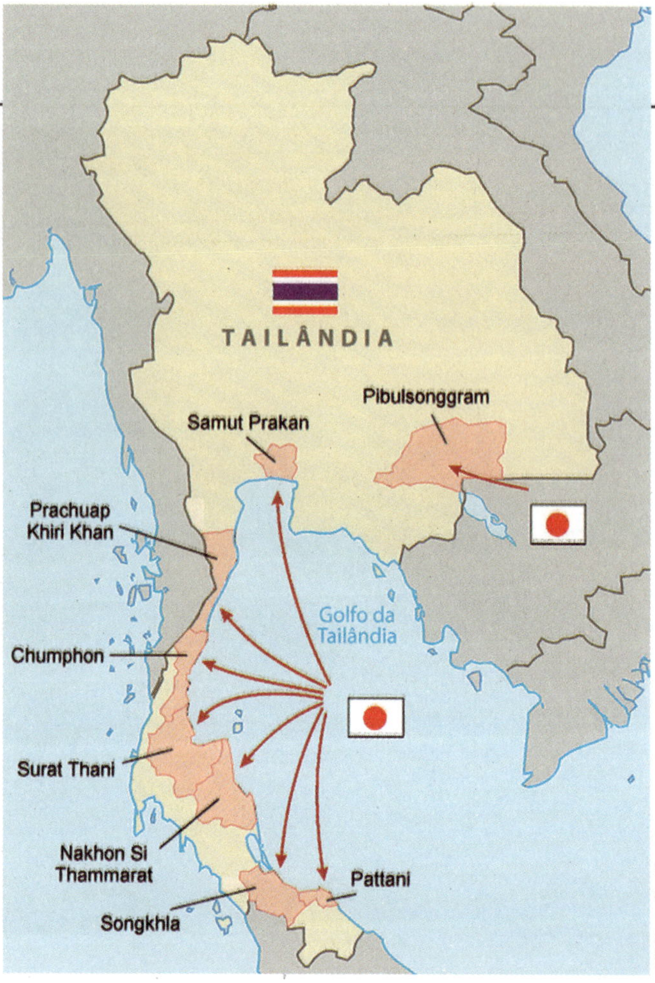


Wikimedia Commons

# BATALHA DA TAILÂNDIA

## 8 de dezembro

Apesar da feroz resistência na região Sul do país, os japoneses levaram apenas um dia para invadir e ocupar a Tailândia

▲◀ Marinheiros resgatam sobrevivente do USS West Virginia, atingido por duas bombas aéreas e sete torpedos

▲ Mapa da invasão japonesa da Tailândia, 8 de dezembro de 1941

▼ Montagem de aviões Lockheed Hudson na Estação de Richmond da Força Aérea Real (RAF) por membros de No 2 Aircraft Depot (AD), em Kota Bharu, na Malásia

Wikimedia Commons

# BATALHA DE HONG KONG

## 08 a 25 dezembro

Também referida como a Queda de Hong Kong, foi uma das primeiras batalhas da Campanha do Pacífico, iniciada no mesmo dia do ataque à base naval dos Estados Unidos em Pearl Harbor. Hong Kong era, então, uma possessão do Império britânico. Como o Japão não havia declarado guerra contra os britânicos, o ataque violou o direito internacional. Menos de duas semanas depois do início das operações, com a posição na ilha insustentável, a colônia britânica se rendeu aos japoneses

▲ A artilharia japonesa em ação em Hong Kong

◀ Seis semanas antes da batalha, este contingente canadense chegou para reforçar a presença britânica

▼ Tropas japonesas em Tsim Sha Tsui durante a batalha de Hong Kong

▼▶ Infantaria canadense em Hong Kong com uma Bren Gun, ou Bren, uma série de metralhadoras leves fabricadas pela Grã-Bretanha na década de 1930 e usadas com atualizações até 1992

Wikimedia Commons

Wikimedia Commons

▲ Reforços canadenses em Hong Kong: batalhões de carabineiros (Rifle Battalion) conhecido como "C Force"

▲▶ Ataque aéreo japonês em Hong Kong

▶ Os japoneses atravessam o rio Shenzhen, divisa entre Hong Kong e o continente chinês

▼ Entrando na cidade: o exército japonês atravessa a Ponte Kwong Fuk perto do mercado Tai Po

Wikimedia Commons

Wikimedia Commons

▶ Tropas japonesas desembarcam em North Point, Hong Kong

▼ Guerrilheiros da etnia tailandesa dongjiang combatem em trincheiras

▼▶ As tropas japonesas tomam a colina Braemar, posição estratégica na cidade; as chaminés pertencem à usina elétrica North Station Power Point

▼▼ O Major General Maltby discute o acordo de rendição com os japoneses no Peninsula Hotel

Wikimedia Commons

Wikimedia Commons

Wikimedia Commons

Wikimedia Commons

Wikimedia Commons

Wikimedia Commons

▲ O grupo dos fugitivos britânicos e tailandeses que conseguiram escapar de Hong Kong, em Wai Chow, China

◀ Desfile da vitória japonesa em Hong Kong

▼ Nativos da etnia chamorro na ilha de Saipan, a maior do arquipélago das Marianas do Norte, ocupada pelos japoneses

Wikimedia Commons

## PRIMEIRA BATALHA DE GUAM

### 8 de dezembro

Travada durante a Guerra do Pacífico na nas Ilhas Marianas, teve como resultado a derrota da guarnição americana na ilha por forças japonesas. As tropas imperiais ocuparam a base e lá permaneceram até a Segunda Batalha de Guam, em 1944

Wikimedia Commons

# BATALHA DA ILHA WAKE

## 8 a 23 de dezembro

Iniciada simultaneamente ao ataque a Pearl Harbor, essa batalha foi travada no atol formado por Wake Island e suas ilhotas de Peale e Ilhas Wilkes. Foi um confronto pelo ar, terra e mar, com os fuzileiros navais desempenhando um papel de destaque em ambos os lados. Terminou com a vitória japonesa que passou a controlar a posição até o final da Guerra do Pacífico

Wikimedia Commons

**▲▲ Um barco de patrulha japonês destruído na ilha Wake**

**▲ A ilustração de Kohei Ezaki mostra o desembarque do 144º Regimento de Infantaria japonês**

**▶ Carcaça do Wildcat 211-F-11, pilotado pelo capitão Henry T. Elrod no ataque que afundou o destroier japonês Kisaragi, em 8 de dezembro**

**▼ Ataque de aviões Yorktown à ilha**

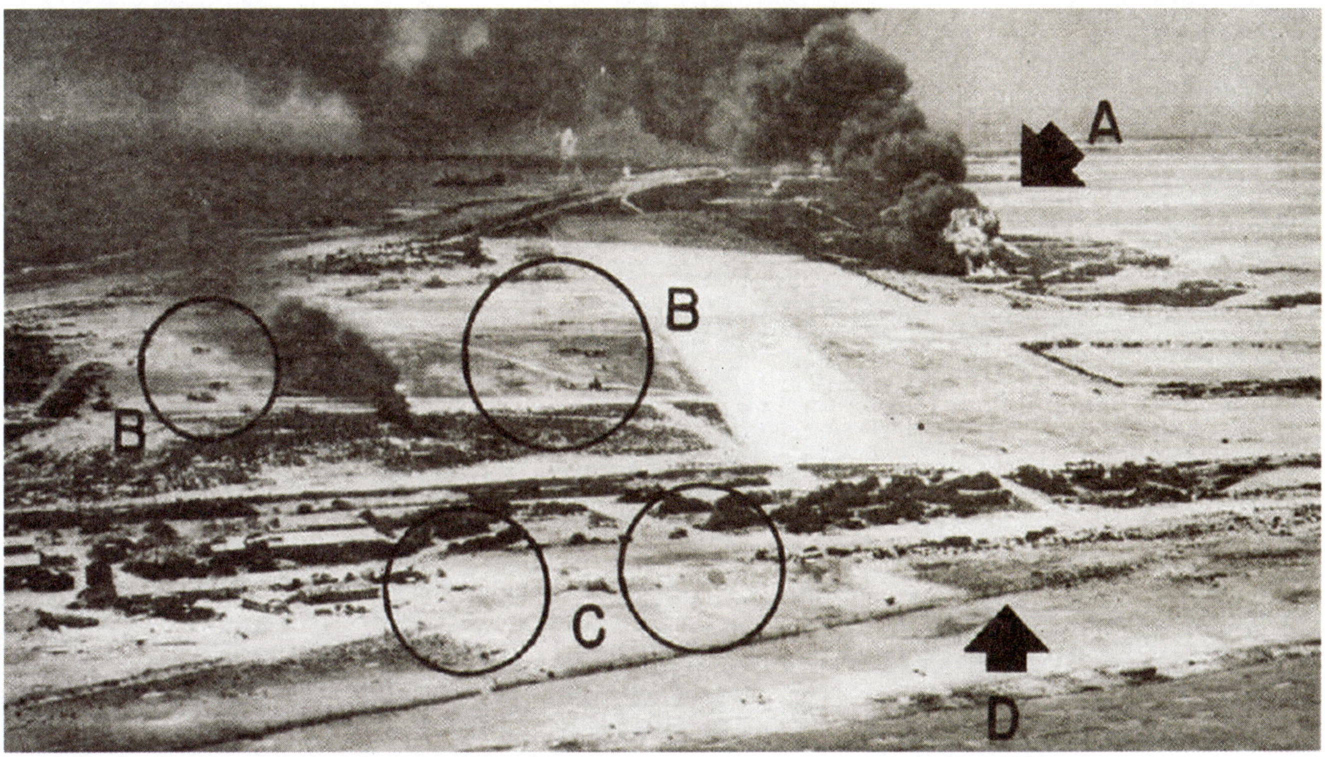


Wikimedia Commons

Wikimedia Commons

# CAMPANHA DA MALÁSIA

## 8 de dezembro de 1941 a 31 de janeiro de 1942

A Campanha da Malásia assistiu ao confronto de forças dos aliados e do Eixo na Malásia britânica. As operações foram dominadas por batalhas terrestres, com pequenas escaramuças no início da ação. Para as forças britânicas, indianas, australianas e malaias que defenderam a colônia, a campanha foi um desastre total. A batalha é notável pelo uso de tropas ciclistas pelos japoneses, o que permitiu que os soldados transportassem mais equipamento e se movessem maior rapidez através de terrenos de mata fechada

Wikimedia Commons

Wikimedia Commons

▲ **O Hayate, destroier japonês afundado em Wake**

▶▲ **Tropas japonesas em batalha urbana numa rua em Johor Bahru nas fases finais da campanha**

▶ **Bombardeiros Bristol Blenheim do 62º Esquadrão da RAF, em Tengah, Singapura**

## BATALHA DE SINGAPURA

### 31 de janeiro a 11 de fevereiro de 1942

A Batalha de Singapura foi, na verdade, um cerco a essa cidade-Estado insular. Durante quase duas semanas os sitiados resistiram como puderam aos ataques dos japoneses, procurando sabotar e destruir as principais estruturas que os inimigos pudessem aproveitar e, por fim, renderam-se

◀▲ Artilheiros antitanque australianos disparando em alvos japoneses em Muar-Parit Sulong

◀ Tenente-general Arthur Percival, acompanhado por um oficial japonês, caminha com uma bandeira de trégua para negociar a capitulação das forças aliadas em Singapura, em 15 de fevereiro de 1942. Foi a maior rendição de forças lideradas pelos britânicos na história

▼ Engenheiros da Royal Engineers preparando-se para explodir uma ponte perto de Kuala Lumpur durante a retirada

Wikimedia Commons

Wikimedia Commons

Wikimedia Commons

Wikimedia Commons

**▲▲ Vista da sabotagem no calçamento, o que atrasou a conquista japonesa por mais de uma semana**

**▲ Um Hawker Hurricane Mk.II do 232º Esquadrão da RAF derrubado em 8 de fevereiro de 1942**

**▲▶ Bombeiros combatem incêndios provocados por um ataque aéreo japonês**

**▶ O comandante Yamashita (sentado, centro) bate na mesa com o punho para enfatizar seus termos – rendição incondicional. O líder britânico, Percival, entre seus oficiais, leva a mão fechada à boca**

Wikimedia Commons

Wikimedia Commons

▲ Tropas do Regimento de Suffolk rendem-se à infantaria japonesa

▶ Soldados japoneses fuzilando prisioneiros indianos da religião sikh com os olhos vendados

▼ Tropas japonesas vitoriosos marchando na Praça Fullerton

Wikimedia Commons

# BATALHA DO MAR DE JAVA

## 27 de fevereiro

Nessa batalha, ocorrida no início da Guerra do Pacífico, os aliados que sofreram uma grande derrota ao largo das costas da Indonésia e da Nova Guiné em 27 de fevereiro revidaram nos dias subsequentes, promovendo outras batalhas menores, como a Batalha do Estreito de Sonda, o que fez desta a maior batalha naval de superfície ocorrida até então desde a I Guerra Mundial

▶ Avião japonês atacando o navio holandês Java, durante a Batalha do Mar de Java

▼ Bombardeiros terrestres japoneses visto a partir do cruzador australiano HMAS Hobart

▼▶ HMS Exeter sob ataque aéreo em 15 de fevereiro de 1942

▼ O cruzador japonês Haguro que afundou o HNLMS De Ruyter, matando o almirante Karel Doorman

Wikimedia Commons

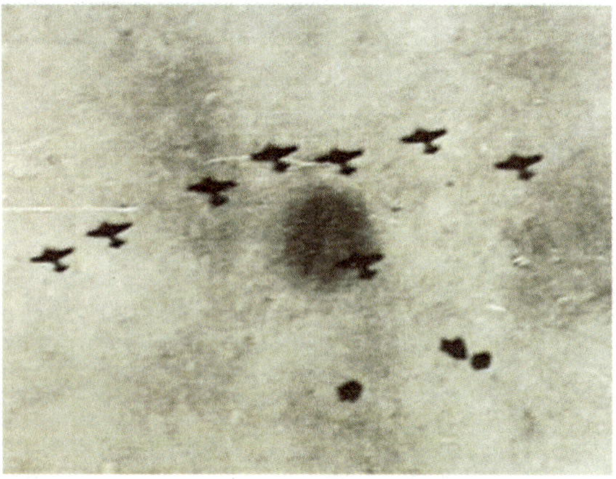

Wikimedia Commons

Wikimedia Commons

Wikimedia Commons

Wikimedia Commons

# BATALHA DO ESTREITO DE BADUNG

## Noite de 19 e madrugada de 20 de fevereiro

A Batalha do Estreito de Badung foi travada por navios aliados e da Marinha imperial japonesa. O confronto testemunhou a considerável superioridade da marinha japonesa

Wikimedia Commons

Wikimedia Commons

▲▲ O USS Langley atacado por torpedeiros

▲ HNLMS Tromp em Sydney depois de passar por reparos por conta de avarias ocorridas durante a batalha

◀ O HNLMS Ruyter, pouco antes de ser afundado em fevereiro de 1942, na Batalha do Mar de Java. Foram mortos 344 homens de sua tripulação

Wikimedia Commons

Wikimedia Commons

Wikimedia Commons

## BATALHA DE JAVA

### 28 de fevereiro a 12 de março

A batalha de Java, ou Invasão de Java, ou ainda Operação J, no Teatro do Pacífico ocorreu nessa ilha entre o Império do Japão e os aliados. Em seu término, os comandantes aliados tiveram de assinar uma rendição formal

Wikimedia Commons

**▲▲ O HNLMS Piet Hein, afundado durante o confronto**

**◄▲ Um tanque leve do 3º Batalhão de Hussardos em Sumatra em 14 de fevereiro**

**▲ O destroier japonês Asashio**

**◄ Tropas ciclistas japonesa: mobilidade**

Wikimedia Commons

Wikimedia Commons

Wikimedia Commons

## BATALHA DO CORREGIDOR

### 5 e 6 de maio

A Batalha de Corregidor foi o ponto culminante da campanha militar do Japão, garantindo ao país a conquista das Filipinas. Com a queda de Bataan, o forte da Ilha de Corregidor, localizada na entrada da Baía de Manila, capital das Filipinas, foi o último bastião da defesa aliada contra a invasão japonesa do país. O forte não resistiu, porém, e a batalha tornou-se uma das piores derrotas militares do EUA

Wikimedia Commons

▲▲ **Bombardeiro Glenn Martin holandês no campo de pouso Andir em Bandung**

◄▲ **Invasão japonesa de Java**

▲ **A ilha de Corregidor**

◄ **Soldados japoneses celebram a vitória em Java**

Wikimedia Commons

◀ Morteiro usado em Corregidor: disparava em qualquer direção

▼ Tropas japonesas vitoriosas

▼▼ Arma antiaérea de 3 polegadas

▶ Pôster da campanha americana para resgatar enfermeiras prisioneiras em Corregidor; o soldado japonês é retratado com feições caricatas

Wikimedia Commons

Wikimedia Commons

Wikimedia Commons

◀ **Soldados japoneses retiram a bandeira americana**

▲ **Artilharia japonesa em ação em Corregidor**

▼ **O centro de comando aliado no túnel Malinta**

# CONQUISTA JAPONESA DA BIRMÂNIA

A conquista japonesa da Birmânia foi um capítulo da Campanha do Sudeste Asiático que se estendeu ao longo de quatro anos, de 1942 a 1945. Durante o primeiro ano da campanha, o exército japonês expulsou os britânicos e as forças chinesas da Birmânia, ocupando o país e estabelecendo um governo administrativo birmanês nominalmente independente

▶ O 15º Exército na fronteira da Birmânia

▼ Poços de petróleo perto de Yenangyaung

Wikimedia Commons

Wikimedia Commons

Wikimedia Commons

◀ Tropas da 55ª Divisão japonesas em Pegu, março

▲▲ General Joseph Stilwell, sua equipe e uma escolta menor ao atravessar um rio durante a retirada para a Índia britânica, no início de maio de 1942

▲ O líder chinês Chiang Kai-shek com general Stilwell em Maymyo

▶ A Estrada da Birmânia, a mais importante artéria de tráfego militar entre a Birmânia e o Sul da China

Wikimedia Commons

Wikimedia Commons

Wikimedia Commons

▲◀ Instalações elétricas e petrolíferas em Yenangyaung sendo destruídas como parte da política de "terra queimada", em face do avanço japonês

▲ General Stilwell em retirada para a Índia britânica, no início de maio 1942

◀ Akagi, o principal navio da impressionante força que atacou Pearl Harbor, antes da batalha

▼ Atol de Midway, meses antes da batalha

Wikimedia Commons

## BATALHA DE MIDWAY

Em junho de 1942, os japoneses tentaram invadir o Havaí, mas o plano foi interceptado, e os americanos destruíram grande parte da frota nipônica na Batalha de Midway, considerada o confronto naval mais importante da Campanha do Pacífico. Depois dessa derrota, os americanos buscaram recapturar diversas ilhas no Pacífico

Wikimedia Commons

◀ O marinheiro George Gay (à direita), único sobrevivente do esquadrão TBD Devastator

▼ O Mikuma pouco antes de afundar

Wikimedia Commons

Wikimedia Commons

Wikimedia Commons

Wikimedia Commons

▲◀ Um porta-aviões japonês manobra para evitar as bombas lançadas dos B-17's

▲ O porta-aviões Hiryu pouco antes de afundar

◀ Sobreviventes do Hiryu

▼ Yorktown no momento do impacto de um torpedo de um B5N Nakajima

Wikimedia Commons

# BATALHA DE EL ALAMEIN

A Primeira Batalha de El Alamein foi travada pelas forças nazistas comandadas pelo general Erwin Rommel e pelas forças inglesas comandadas por Claude Auchinleck. O confronto foi concluído com a primeira importante vitória dos aliados na África

Wikimedia Commons

▶ O exército britânico na África do Norte: infantaria numa posição defensiva perto de El Alamein

▼ A Artilharia Real Australiana em El Alamein (12 de julho de 1942)

▼▶ O Afrika Korps em movimento, com um carro blindado Sd.Kfz. 232 à frente

▼▼ Rommel na África em junho de 1942

Wikimedia Commons

Wikimedia Commons

Wikimedia Commons

Wikimedia Commons

Wikimedia Commons

Wikimedia Commons

▲◀ A Divisão Panzer II do Afrika Korps

▲ Um soldado inspeciona um tanque italiano M13 / 40 atingido perto de El Alamein

◀ A Royal Artillery em ação durante o combate

▼ Um tanqueMk3 transportando soldados escoceses de infantaria

▶ Marechal de Campo Erwin Rommel, com seus auxiliares durante a campanha do deserto

Wikimedia Commons

Wikimedia Commons

## SEGUNDA BATALHA DE EL ALAMEIN

A segunda Batalha de El Alamein foi o início da derrota das forças do Eixo na África do Norte. A vitória britânica levou o primeiro-ministro Winston Churchill a afirmar que "este não é o fim, não é nem o começo do fim, mas é, talvez, o fim do começo". Após a guerra, Churchill escreveu: "Antes de Alamein nunca tivemos uma vitória, depois de Alamein, nunca tivemos uma derrota"

▲◀ Infantaria britânica avança através da poeira e fumaça da batalha

▲ Uma mina explode perto de um caminhão da artilharia britânica num campo minado

▼◀ Erwin Rommel (à esquerda) no comando das operações nazistas

▼ Barragem da artilharia britânica na abertura da segunda batalha de El Alamein

Wikimedia Commons

Wikimedia Commons

Wikimedia Commons

Wikimedia Commons

Wikimedia Commons

Wikimedia Commons

▲◀ Um soldado britânico faz o gesto da vitória para prisioneiros alemães capturados em El Alamein (26 de outubro de 1942)

▲ Tanques britânicos avançam depois de a infantaria ter aberto lacunas no campo minado inimigo em El Alamein (24 de outubro de 1942)

◀ Tanques de 8ª Brigada blindada à espera para entrar em batalha (27 de outubro de 1942)

▼◀ Prisioneiros alemães

▼ Um canhão alemão de 88 milímetros abandonado perto da estrada da costa, a oeste de El Alamein (7 de novembro de 1942)

Wikimedia Commons

Wikimedia Commons

Wikimedia Commons

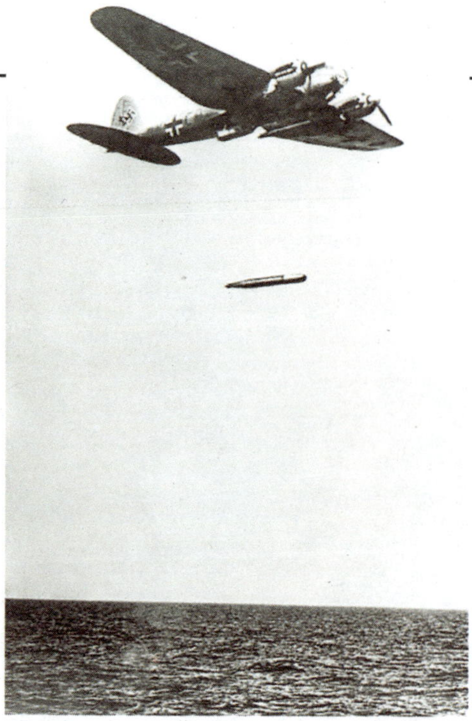

Wikimedia Commons

Wikimedia Commons

# BATALHA DE SEBASTOPOL
## 30 de outubto de 1941 a 4 de julho de 1942

O Cerco de Sebastopol resultou do objetivo da Wehrmacht de controlar a base de Sebastopol, no Mar Negro. Os alemães comandados por Erich von Manstein venceram a batalha

▲ O porto de Sebastopol após a batalha

▲▶ Exercício de treinamento de torpedo no Mar Negro

▶ O Krasnaya Ukraina, afundado em 12 de Novembro

▼ Motoscafo Armato Silurante (MAS), barco camuflado da Marinha italiana, no Norte da África

Wikimedia Commons

Wikimedia Commons

## CAMPANHA DE KOKODA

### julho a novembro

A Campanha da Trilha de Kokoda consistiu em uma série de batalhas entre julho a novembro de 1942 entre tropas japonesas e aliadas, principalmente forças australianas, no então o território australiano da Papua

▲▲◀ Restos de equipamento da artilharia naval soviética destruída

▲▲ O Heinkel He 111 da Força Aérea alemã

▲ O porto de Sebastopol na época da guerra

◀ Soldados australianos do 39º Batalhão (setembro de 1942)

Wikimedia Commons

Wikimedia Commons

▲ O genral americano MacArthur com o general Sir Thomas Blamey e o primeiro-ministro Curtin em conferência sobre as operações da campanha

▲▶ Carregadores nativos conhecidos como "Fuzzy wuzzy Angels" transportam um soldado australiano ferido em uma maca através da selva tropical (30 de agosto de 1942)

▶ Aldeia Kokoda e aeroporto (julho de 1942)

▼ Membros do 39º Batalhão em retirada após a batalha de Isurava

Wikimedia Commons

Wikimedia Commons

Wikimedia Commons

◀ Comandantes aliados na Nova Guiné em outubro de 1942. Esquerda para a direita: Frank Forde (ministro australiano para o exército); general Douglas MacArthur; general Sir Thomas Blamey; tenente-general George C. Kenney; tenente-general Edmund Herring; brigadeiro-general Kenneth Walker

◀▼ Bunker japonês em Buna

▼ Um soldado australiano inspeciona munição da artilharia japoneses abandonada em Ioribaiwa

▼▼ Um avião de transporte C-47 lançando suprimentos para a 25º Brigada australiana perto da vila de Nauru (outubro de 1942)

Wikimedia Commons

Wikimedia Commons

Wikimedia Commons

Wikimedia Commons

Wikimedia Commons

# BATALHA DE GUADALCANAL
## agosto de 1942 a fevereiro de 1943

A Batalha de Guadalcanal, ou Campanha de Guadalcanal, foi travada em terra, ar e mar por americanos, australianos e japoneses na ilha de Guadalcanal, no arquipélago das Ilhas Salomão. Foi a primeira grande ofensiva realizada pelos aliados na Guerra do Pacífico após o ataque a Pearl Harbor e a Batalha de Midway e a primeira vitória terrestre aliada nessa campanha

Wikimedia Commons

◀ Soldados japoneses mortos em Guadalcanal após a Batalha do Tenaru

▲ O aeroporto de Lunga Point em Guadalcanal, construído pelos japoneses com trabalhadores coreanos

▶ O USS Enterprise (CV-6), sob ataque aéreo durante combate nas ilhas Salomão

▼ Fuzileiros navais americanos desembarcam em Guadalcanal (7 de agosto de 1942)

Wikimedia Commons

Wikimedia Commons

Wikimedia Commons

Wikimedia Commons

▲◀ Tropas japonesas embarcam no "Tokyo Express" para Guadalcanal

▲ Tenente-coronel Merritt A. Edson que liderou forças da Marinha na Batalha do Cume de Edson

◀ Uma patrulha da Marinha americana atravessa o rio Matanikau em setembro de 1942

▼ Soldados mortos da 2ª Divisão japonesa após ataques fracassados

Wikimedia Commons

Wikimedia Commons

Wikimedia Commons

Wikimedia Commons

## BATALHA DO STALINGRADO

### 17 de julho de 1942 a 2 de fevereiro de 1943

Na primavera de 1942, Hitler ordenou o cerco a Stalingrado, um dos momentos mais dramáticos do conflito. Marcada por sua extrema brutalidade e desrespeito às perdas militares e civis de ambos os lados, a ofensiva alemã sobre a cidade de Stalingrado, a batalha dentro da cidade e a contra-ofensiva soviética destruíram todo o 6º Exército alemão e outras forças do Eixo. No início de 1943, os soviéticos venceram a Batalha de Stalingrado, e a Alemanha começou a desmoronar

▲ Comandantes aliados reunidos em Guadalcanal em agosto de 1943 para planejar a próxima ofensiva aliada contra os japoneses nas Ilhas Salomão como parte da Operação Cartwheel

◀▲ Um Oberleutnant alemão (1º tenente) com uma metralhadora soviética PPSh-41

◀ Infantaria em ataque ao centro da cidade

Wikimedia Commons

Wikimedia Commons

Wikimedia Commons

Wikimedia Commons

▲▲ Soldados alemães em marcha para Stalingrado

▲◀ Soviéticos preparam-se para repelir um ataque alemão nos subúrbios de Stalingrado

▲ Um Junkers Ju 87 Stuka sobrevoa Stalingrado

◀ Soldados soviéticos entre os escombros na batalha pelas ruas da cidade

Wikimedia Commons

Wikimedia Commons

▲ Soldados alemães feitos prisioneiros de guerra

◀ Um soldado do Exército Vermelho leva um prisioneiro alemão

▼ Soldados soviéticos atacam uma casa (fevereiro 1943)

Wikimedia Commons

## OPERAÇÃO TOCHA

Wikimedia Commons

No final de 1942, com apoio dos americanos, os aliados lançaram a Operação Tocha. Na campanha, combateram forças da República de Vichy, que mudaram de lado e passaram a auxiliar os aliados, os quais cercaram as forças do Eixo no norte da Tunísia e forçaram a rendição. Desse modo, a Operação Tocha cumpriu seus objetivos de assegurar a vitória no Norte da África e introduzir as forças armadas americanas na luta contra os nazistas.

A operação abriu uma segunda frente de batalha que obrigou o exército alemão a deslocar tropas do front soviético, dando aos russos oportunidade de se reorganizarem. A vitória dos aliados no Norte da África levou à realização da campanha italiana, que culminou com a queda do governo fascista e a eliminação de um importante aliado dos alemães

Wikimedia Commons

▶▲ **Supermarine Spitfires da RAF em Gibraltar decolam para o Norte da África**

▶ **Hangar e aviões italianos destruídos no aeroporto Castel Benito, em Tripoli**

▼ **As tropas norte-americanas desembarcam perto de Argel, Argélia**

▶▶ **Tanques britânicos no porto de Tripoli**

Wikimedia Commons

Wikimedia Commons

▼ Tropas de desembarque americanas no Norte de África

▶ O USS Lakehurst (anteriormente Seatrain New Jersey), depois de descarregar tanques médios em Safi, Marrocos, para a Operação Tocha

▼▼ Tropas britânicas e americanas na costa, perto da cidade de Argel

Wikimedia Commons

Wikimedia Commons

Wikimedia Commons

Wikimedia Commons

Wikimedia Commons

Wikimedia Commons

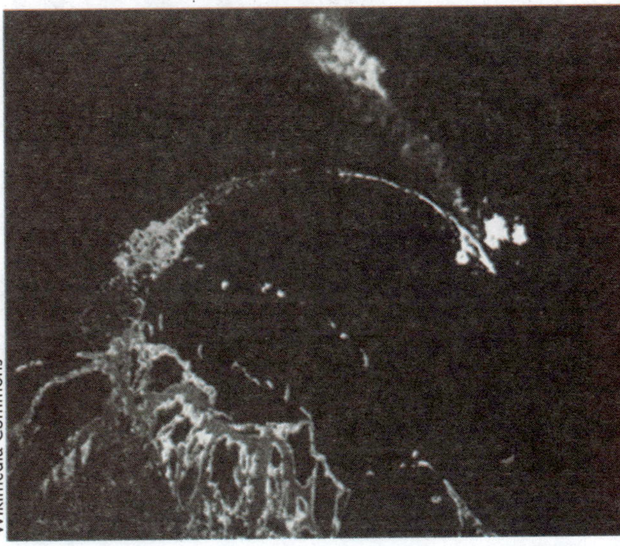

Wikimedia Commons



# BATALHA NAVAL DE GUADALCANAL

## 12 a 15 de novembro

Também chamada de Terceira e Quarta Batalha de Savo Island, Batalha de Solomons, Batalha de Sexta-Feira 13, foi palco da morte dos únicos dois almirantes da marinha americana a serem vitimados num engajamento. No início de novembro de 1942, os japoneses organizaram um comboio de transporte para levar sete mil soldados para Guadalcanal para tentar mais uma vez retomar a base aérea. Na batalha, ambos os lados perderam vários navios. Aviões aliados também afundaram a maior parte dos transportes de tropas japonesas e impediram a maioria dos soldados inimigos e equipamentos de alcançar Guadalcanal. A batalha foi uma vitória estratégica para os EUA e seus aliados

◀▲ Vista aérea do Campo Henderson em Guadalcanal, no final de agosto de 1942

◀ Ironbottom Sound: a maior parte da batalha teve lugar na área entre Savo Island (centro) e Guadalcanal (esquerda)

◀▼ A esquadra japonesa em viagem para Guadalcanal

▼ O Hiei, vazando óleo, é atacado pelos bombardeiros americanos B-17 de grande altitude, ao norte de Savo

Wikimedia Commons

Wikimedia Commons

◀ O Portland passando por reparos na doca seca em Sydney, Austrália, um mês após a batalha

▲ Os canhões do USS Washington disparam sobre Kirishima durante a batalha, em 15 de novembro

▶ O Kinugawa Maru, um dos quatro transportes japoneses encalhados e destruídos em Guadalcanal fotografado um ano depois da batalha

▼ Destroços de navio japonês Maru Yamazuki na praia no Guadalcanal

Wikimedia Commons

Wikimedia Commons

Wikimedia Commons

Wikimedia Commons

# LEVANTE DO GUETO DE VARSÓVIA

O Levante do Gueto de Varsóvia foi um ato de resistência no Gueto de Varsóvia, na Polônia. Com o envio de 300 mil das 380 mil pessoas do gueto para o campo de extermínio de Treblinka, onde foram assassinadas imediatamente após a sua chegada, o restante dos habitantes do gueto sabia o que os esperava e muitos deles preferiam morrer lutando. A revolta foi esmagada pelo Gruppenführer da SS Jürgen Stroop

▲◀ Seção do Zelaz ligado a "grande gueto" e áreas de "pequeno gueto" de Varsóvia ocupada pelos alemães

▲ No cartaz publicado pela organização de resistência sionista lê-se: "Todas as pessoas são iguais; marrom, branco, preto e amarelo. Separar povos, cores, raças é mais um ato de trapaça!"

▼◀ Askaris ou Trawnikis, atiradores treinados em campos de concentração, examinam os corpos de judeus mortos na repressão da revolta

▼ Judeus sendo retirados à força de seus abrigos, no gueto de Varsóvia

Wikimedia Commons

Wikimedia Commons

Wikimedia Commons

Wikimedia Commons

◀ Mulheres judias de resistência, entre eles Malka Zdrojewicz (à direita), que sobreviveu ao campo de extermínio de Majdanek

▲ Destruição de um bloco de habitação

◀▼ O líder da grande operação, o Brigadeführer da SS Jürgen Stroop

▼▶ Um homem salta para a morte de uma janela para evitar ser capturado

Wikimedia Commons

Wikimedia Commons

Wikimedia Commons

Wikimedia Commons

▲ Uma patrulha da SS na rua Nowolipie, no interior do gueto

▲▶ Incêndios no gueto vistos a partir do distrito de Zoliborz

▶ Área do Gueto de Varsóvia depois da guerra

▼ Judeus capturados são levados pelas tropas alemãs para serem deportados

Wikimedia Commons

Wikimedia Commons

Wikimedia Commons

Wikimedia Commons

# INVASÃO DA SÍCILIA

## 9 de julho a 17 de agosto

A Operação Husky, a invasão da Sicília pelos aliados, foi uma campanha bem-sucedida na qual as potências ocidentais tomaram e ocuparam esta importante ilha no Mediterrâneo. Foi a primeira etapa da invasão da Itália. A operação contou com um grande desembarque anfíbio e lançamento de tropas paraquedistas, seguido de seis semanas de intensos combates no solo. A deterioração da resistência armada italiana levou, entre outros motivos, os italianos a se rebelar e derrubar seu ditador, Benito Mussolini

**▲ Durante a invasão aliada da Sicília o navio Liberdade Robert Rowan (K-40) explode após ser atingido por um bombardeiro alemão Ju 88**

**◄ Erwin Rommel (esquerda)**

Wikimedia Commons

Wikimedia Commons

▲ Uma tripulação americana verifica seu tanque Sherman em Red Beach (nome código), Sicília em 10 de julho

▲▶ Destroços de trem blindado italiano, destruído pelo USS Bristol ao buscar impedir o desembarque em Licata

▶ Tropas da 51ª divisão de infantaria britânica descarregando no dia da invasão aliada da Sicília, 10 de julho de 1943

▼ Os líderes aliados da campanha: o general Eisenhower (primeiro àesquerda) se encontra no Norte da África com (em primeiro plano, da esquerda para a direita) o marechal do ar Sir Arthur Tedder, general Sir Harold RLG Alexander, o almirante Sir Andrew B. Cunningham, e (na fileira de cima): Harold Macmillan, major-general W. Bedell Smith, e oficiais britânicos não identificados

Wikimedia Commons

Wikimedia Commons

Wikimedia Commons

Wikimedia Commons

Wikimedia Commons

Wikimedia Commons

**▲▲ Os canadenses na Sicília: tropas do Loyal Edmonton Regiment, parte da 1ª Divisão canadense**

**▲◀ Prisioneiros de guerra italianos**

**▲ Dois soldados britânicos do 6º Batalhão, Durham Light Infantry, parte da 50ª Divisão, com um paraquedista americano do 505º Regimento de Infantaria, parte da 82ª Divisão Aerotransportada dos EUA**

**◀ Um tanque Sherman supera o terreno acidentado da Sicília em meados de julho 1943**

Wikimedia Commons

◀ Soldado americano ferido recebendo plasma sanguíneo (9 de agosto de 1943)

▼ Soldados americanos observam um piloto alemão morto e seu avião destruído perto de Gela (12 de julho de 1943)

▼▼ Artilharia sendo desembarcada durante a invasão da Itália em Salerno, durante a Operação Avalanche

## INVASÃO ALIADA DA ITÁLIA

### 3 a 16 de setembro

A Invasão da Itália pelos aliados foi realizada por soldados do 15° Grupo de Exército comandados pelo general Harold Alexander. O 15° Grupo era formado por unidades do 5° Exército dos EUA, do general Mark Clark, e do 8° Exército britânico, do general Bernard Montgomery. As principais forças desembarcaram em Salerno na Operação Avalanche, enquanto forças adicionais desembarcavam na Calábria e em Tarento. Uma feroz luta se seguiu por 13 dias e, apesar dos intensos e determinados contra-ataques alemães, os aliados conquistaram seus objetivos

Wikimedia Commons

Wikimedia Commons

**▲▲ Tropas do Regimento Real da Rainha avançam através de tanques alemães PzKpfw IV destruídos, em Salerno (22 de setembro de 1943)**

**◀ Homens do 2º Batalhão, Regimento Northamptonshire, esperam a bordo de transporte em Catania, Sicília, para a invasão da Itália**

**▲ O tenente-general Mark Clark a bordo do USS Ancon durante o desembarque em Salerno**

Wikimedia Commons

◀ Albert Kesselring, comandante das forças alemãs na Itália

◀▼ Canhão antitanque alemão em operação perto de Salerno

▼ As tropas britânicas entram na cidade de Salerno (10 de setembro de 1943)

▼▼ Marinha dos EUA descarrega um jeep em Salerno

▶ Regimento americano passa através da vila de Prato, na Toscana, durante a invasão da Itália

Wikimedia Commons

Wikimedia Commons

Wikimedia Commons

Wikimedia Commons

Wikimedia Commons

▲ Panzer IVs em Zhitomir

▲▶ Um bunker alemão destruído

▶ Kiev após a libertação em novembro de 1943

▼ Um meia-lagarta alemão equipado com lança-foguetes

Wikimedia Commons

Wikimedia Commons

## BATALHA DE SMOLENSK

### 7 agosto a 2 outubro

A Segunda Batalha de Smolensk foi uma ofensiva soviética decisiva. Embora tenha conseguido avançar menos de 250 quilômetros além das linhas inimigas, com a vitória a URSS repeliu os nazistas de Moscou e dividiu as forças alemãs. Ao longo do avanço, os soviéticos tomaram conhecimento dos crimes de guerra e da destruição provocada pelos nazistas no território ocupado

Wikimedia Commons

◀ Soldados soviéticos preparam balsas para atravessar o Dnieper

◀▼ Moeda comemorativa da libertação de Kiev cunhada pelo Banco Central da Rússia, por ocasião do 50º aniversário da batalha

▼ Tanques soviéticos durante a ofensiva de Kiev (novembro 1943)

▼▼ Tarawa

Wikimedia Commons

Wikimedia Commons

## BATALHA DE TARAWA

A Batalha de Tarawa, ou Taraua, na região central do Teatro do Pacífico, foi a segunda grande ação ofensiva terrestre dos Estados Unidos nessa frente. Aqui, como, de fato, em todas as batalhas travadas contra os japoneses, os americanos enfrentaram grande resistência. Os 4,5 mil japoneses entrincheirados no atol, bem armados e treinados, lutaram praticamente até o último homem, causando mais de 3,1 mil baixas entre os inimigos, o maior número de mortos e feridos, proporcionalmente ao total de soldados envolvidos, que os EUA sofreram em toda a guerra

Wikimedia Commons

▼ Transporte em Tarawa

▶ Fuzileiros ao lado de um LVT-1 Alligator

▶▼ Guarda Costeira dos EUA passa por destroços de uma lancha atingida por uma ogiva disparada da praia num impacto direto durante o desembarque em Tarawa

▼▼ Fuzileiros procurando abrigo entre os mortos e feridos na Red Beach 3 (nome código), Tarawa

Wikimedia Commons

Wikimedia Commons

Wikimedia Commons

Wikimedia Commons

Wikimedia Commons

Wikimedia Commons

Wikimedia Commons

▲ Capacetes marcam as sepulturas dos fuzileiros que caíram em Tarawa

▲▶ Posto de comando do coronel David Shoup na Red Beach, depois de conquistar a cabeça de praia

▶ Vista aérea de Hawkins Field em Betio, Tarawa

▼ Dois fuzileiros armados com lança-chamas incendeiam um abrigo inimigo em Tarawa

▼▶ Blindados norte-americano e um tanque leve japonês Type 95 em Tarawa , após a batalha

Wikimedia Commons

Wikimedia Commons

▲ Prisioneiros de guerra japoneses

▶ A destruição de um dos quatro canhões de 8 polegadas Vickers japoneses, em Betio, foi causada por tiros disparados a partir dos navios e por ataques aéreos

▼ Dois fuzileiros imperiais japoneses que cometeram suicídio para não se entregarem

▶▶ Um fuzileiro naval ateia fogo a uma casamata japonesa

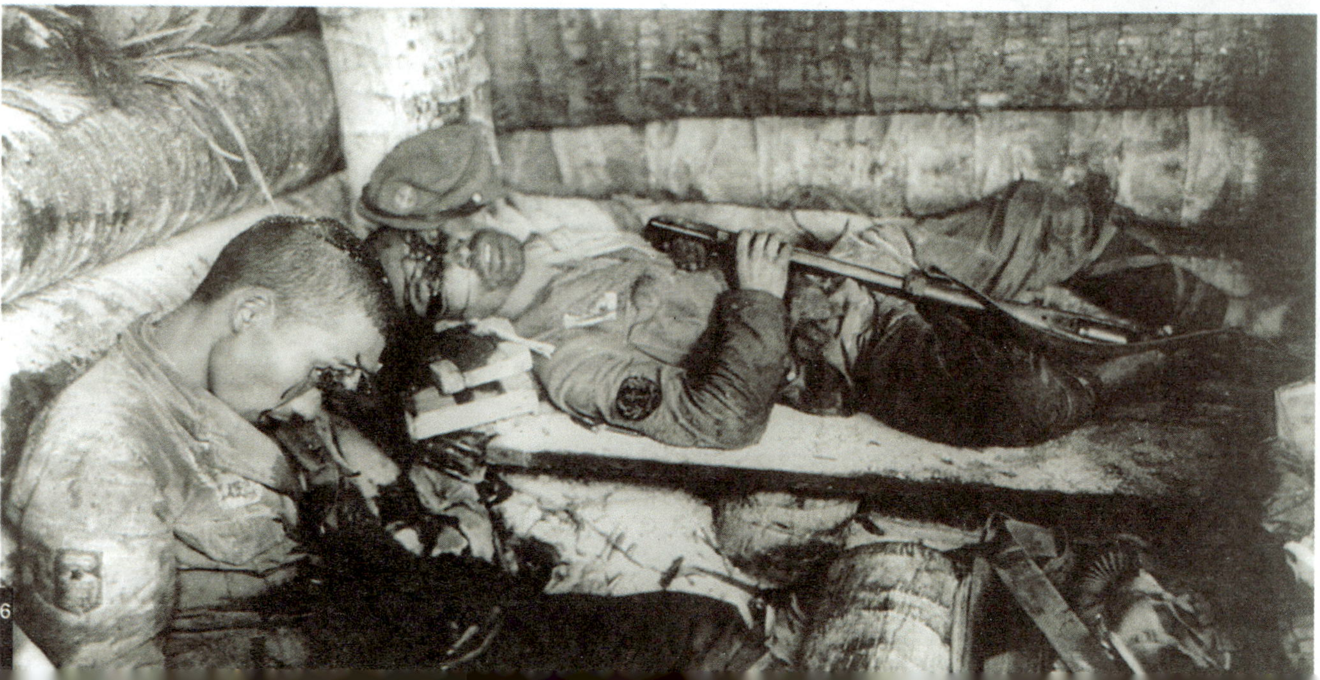

Wikimedia Commons

Wikimedia Commons

# BATALHA DE MAKIN

## 20 e 24 de novembro

Outra batalha da Campanha do Pacífico, a ocupação da ilha de Makin custou mais vidas para a Marinha americana do que para o pessoal em terra. Apesar da superioridade em homens e armas, as forças dos EUA tiveram dificuldade para derrotar os defensores da ilha. Não obstante o grande número de óbitos do lado americano, os japoneses tiveram um número de perdas muito maior, com sua guarnição na ilha completamente aniquilada

Wikimedia Commons

◀▲ Butaritari, Yellow Beach 2 (nome código), um dos locais de desembarque

◀ Tanques leves M3 Stuart atolados em uma cratera aberta por ogiva

◀▼ Desembarque americano em Makin

▼ Esconderijo japonês em Makin

▼▼ Dois tanques M3 atirando contra posições japonesas

Wikimedia Commons

Wikimedia Commons

Wikimedia Commons

Wikimedia Commons

Wikimedia Commons

## BATALHA DE MONTE CASSINO

### 17 de janeiro a 19 de maio

A Batalha de Monte Cassino, também chamada de Batalha de Roma ou Batalha de Cassino, foi uma série de quatro combates ferozes travados entre os aliados e os alemães pela conquista de Roma. Os aliados tiveram sucesso em romper a linha de defesa, abrindo caminho para conquistar Roma

◄ Engenheiros da 46ª Divisão de Infantaria britânica atravessam o rio Garigliano (19 de janeiro de 1944)

◄▼ A tripulação de tanque alemão tenta restaurar sua mobilidade, após danos sofridos durante os combates

◄▼▼ Soldados dos EUA com uma arma antitanque de 57 milímetros M1 lutando perto de Monte Cassino durante o ataque inicial

▼ Fortaleza Voadora B-17 sobre Monte Cassino (15 de fevereiro de 1944)

Wikimedia Commons

Wikimedia Commons

Wikimedia Commons

▶ Prisioneiros alemães capturados por tropas da Nova Zelândia

▼ Monte Cassino em ruínas

▼▶ O desembarque de navios de carga na praia de Omaha, nos primeiros dias da operação, em meados de junho de 1944

▼▼ Exercício de treinamento

Wikimedia Commons

Wikimedia Commons

Wikimedia Commons

Wikimedia Commons

# BATALHA DA NORMANDIA

## 6 de Junho a 22 de Agosto

A Operação Overlord, o nome código da Batalha da Normandia, deu início à bem-sucedida invasão da Europa Ocidental, ocupada pelos alemães desde o começo da guerra. A Operação Netuno inaugurou a batalha com a série de desembarques na Normandia, no Dia-D (6 de junho). Um ataque aéreo de 1,2 mil aviões precedeu um desembarque anfíbio, envolvendo mais de 5 mil embarcações transportando cerca de 160 mil homens que cruzaram o canal da Mancha. Até o final de agosto, mais de três milhões de aliados foram enviado à França

Wikimedia Commons

Wikimedia Commons

Wikimedia Commons

Wikimedia Commons

◄▲▲ Homens da British Independent 22 Parachute Company, 6ª Divisão Aerotransportada recebendo informações sobre a invasão (4 ou 5 de junho 1944)

◄▲ Paraquedistas britânicos sincronizam seus relógios na frente de um Armstrong Whitworth Albemarle

▲ Obstáculos na praia, em Pas de Calais, 18 de abril de 1944

◄ Soldados da Legião Indiana guardam posição na praia

▼ Soldados americanos deixando um barco rumo à praia, em Omaha

Wikimedia Commons

Wikimedia Commons

Wikimedia Commons

▲ Red Beach 2

▲▶ Fuzileiros navais marcham por Garapan

▶ Segurando seu Colt 45, um fuzileiro naval se move cautelosamente através da selva de Saipan, julho 1944

▼ Fuzileiros navais se abrigam atrás de um tanque de M4 Sherman durante combate

Wikimedia Commons

Wikimedia Commons

Wikimedia Commons

# BATALHA DE GUAM

## 21 julho a 10 agosto

A segunda batalha de Guam resultou na recaptura da ilha, território dos EUA nas ilhas Marianas, conquistada pelos japoneses em 1941

◄ Campo Isley

◄▼ Fuzileiros navais dos EUA avançam para o interior

▼ Um fuzileiro naval tenta convencer uma mulher aterrorizada e seus filhos a abandonarem seu refúgio

▼▼ Primeira bandeira americana em Guam

Wikimedia Commons

Wikimedia Commons

Wikimedia Commons

Wikimedia Commons

◀◀ Fuzileiros navais dos EUA cumprimentam a Guarda Costeira pelo apoio na vitória em Guam

◀ Três oficiais do batalhão anfíbio que desempenharam um papel importante na invasão de Guam: (da esquerda para a direita) major Erwin F. Wann, major W. W. Butler e o tenente-coronel Sylvester Stephens

▼ Navios de guerra americanos bombardeiam Guam para apoiar o desembarque de fuzileiros navais (14 de julho de 1944)

▼▼ Soldados japoneses mortos depois de um ataque a Gyokusai, Guam (29 de Julho)

Wikimedia Commons

Wikimedia Commons

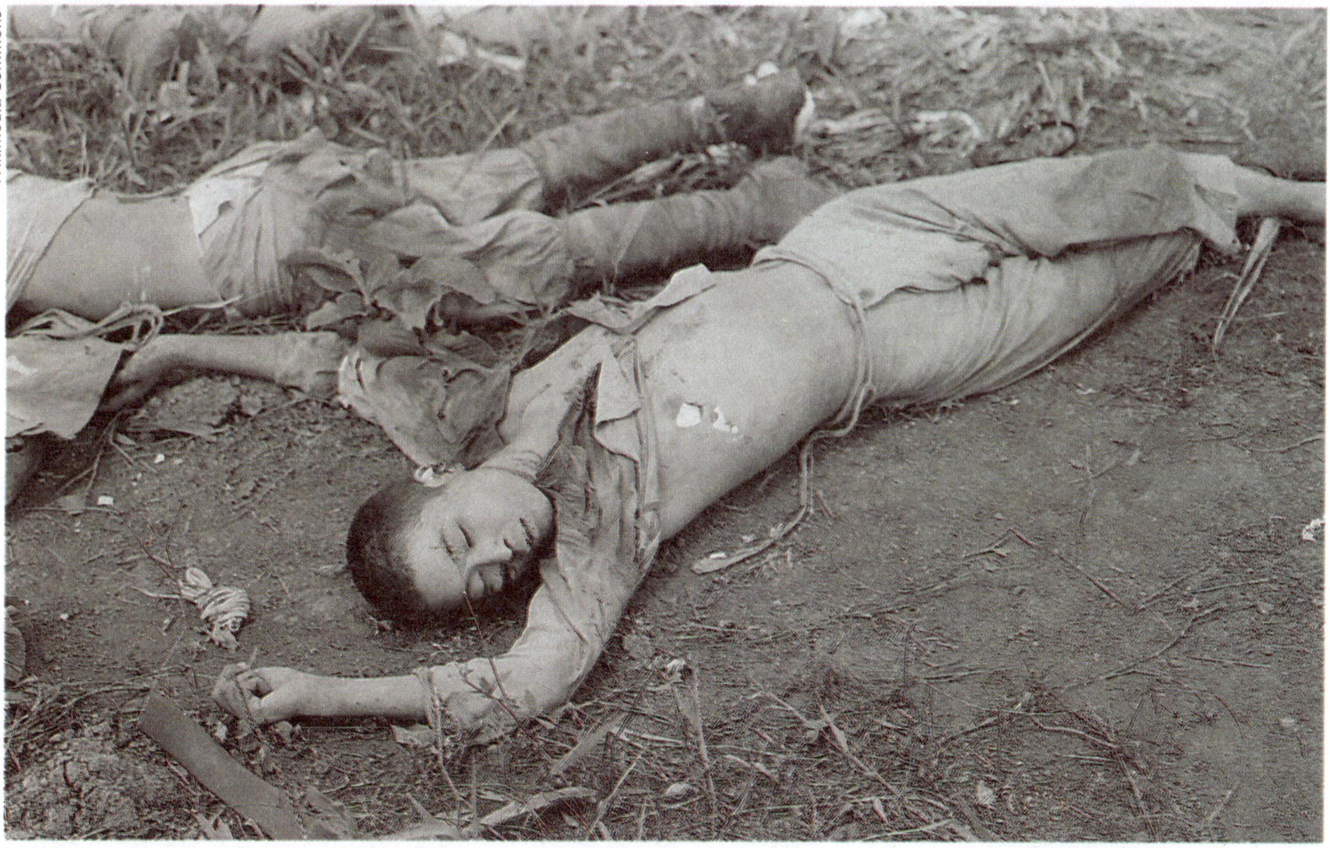

Wikimedia Commons

Wikimedia Commons

# BATALHA DE TINIAN

## 24 de Julho a 1 de Agosto

Outra ilha das Marianas, foi tomada ao custo dos nove mil soldados da guarnição japonesa, que foi toda eliminada. A ilha, como Saipan e Guam, tornou-se base da Força Aérea

▶ Fuzileiros navais em Tinian

▼ Fuzileiros verificam um tanque japonês

▼▶ Um avião japonês destruído em Tinian (30 de julho de 1944)

▼▼ Fuzileiros navais em combate em Tinian

Wikimedia Commons

Wikimedia Commons

Wikimedia Commons

Wikimedia Commons

## OPERAÇÃO BAGRATION

### 22 de junho a 19 de agosto

Operação Bagration, nome código da Ofensiva Bielorrussa que resultou na total expulsão das tropas alemãs da República Socialista Soviética da Bielorrússia e Polônia Oriental. Foi a derrota mais calamitosa do exército da Alemanha na Segunda Guerra Mundial. O nome da operação foi uma homenagem ao príncipe Pyotr Bagration, general das forças russas que foi ferido mortalmente na Batalha de Borodino, contra Napoleão Bonaparte

Wikimedia Commons

▲▲ Soldado alemão vigia no cockpit de um taque Panzer V (21 de junho)

▲ Vista aérea de Tinian antes do ataque dos EUA

◀ Fuzileiro naval dos EUA e uma criança na cerca de arame farpado do campo detenção em Tinian

▼ Soldados japoneses mortos no ataque na noite de 23-24 julho

Wikimedia Commons

Wikimedia Commons

Wikimedia Commons

◀ Dois Panzer IV destruídos

◀▼ Prisioneiros de guerra alemães em Moscou

▼ O major-general alemão Alfons Hitter, de pé, é interrogado publicamente pelo general Ivan Cherniakóvski e pelo marechal Aleksandr Vasilevsky depois da batalha de Vitebsk

▼▼ Civis carregam pertences de casas em chamas (início de julho)

▶ Kubus, um carro blindado feito pelo exército durante a Revolta. Uma única unidade foi construída pelo Regimento "Krybar" sobre o chassi de um Chevrolet 157

Wikimedia Commons

Wikimedia Commons

Wikimedia Commons

Wikimedia Commons

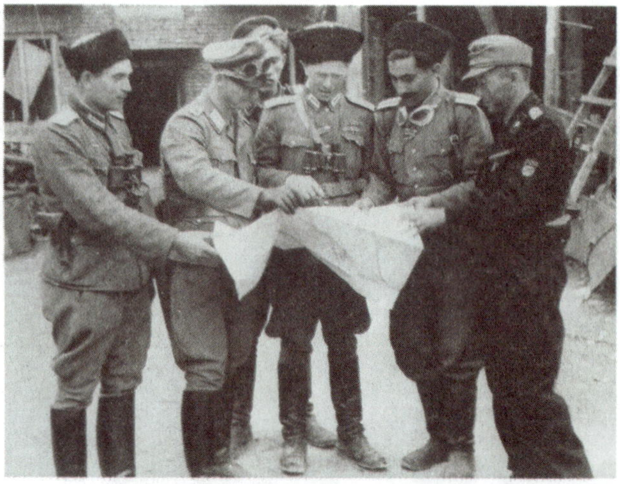

# LEVANTE DE VARSÓVIA

## 1 de agosto a 2 de outubro

Durante o Levante de Varsóvia, o Armia Krajowa, o Exército Clandestino Polonês, tentou libertar Varsóvia dos nazis. Foi uma ação coordenada com os soviéticos, parte de uma revolta nacional, a Operação Tempestade, que deveria durar alguns dias, até a chegada do Exército soviético. Contudo, o avanço soviético foi interrompido, e, embora a resistência polaca tenha continuado a lutar por pouco mais de dois meses, o levante acabou sendo sufocado pelas forças alemãs. Não se conhece o número exato de baixas, mas estima-se que aproximadamente 16 mil integrantes da resistência polonesa foram mortos e seis mil gravemente feridos; entre 150 e e 200 mil civis morreram, a maioria vítima de massacres executados por tropas do Eixo. Do lado alemão, calcula-se que foram aproximadamente 16 mil soldados mortos

Wikimedia Commons

▲▲◀ Soldados alemães combatem a resistência polonesa na Praça do Teatro (setembro 1944)

▲▲ Oficiais do Exército de Libertação Nacional Russa, durante a Revolta de Varsóvia (agosto 1944)

▲ Comandante Tadeusz Bor-Komorowski do exército polonês

◀ Soldados da SS, da Brigada Dirlewanger, assumem posição junto a uma janela de uma casa na rua Focha, centro de Varsóvia (agosto 1944)

# OPERAÇÃO DRAGÃO

## 15 de agosto

A invasão aliada do Sul da França, depois da invasão da Normandia e da retirada dos alemães para a linha Siegfried, contou com a Resistência Francesa que teve importante atuação na execução da operação

Last minute details.

The waiting game.

Wikimedia Commons

▶▲ Os paraquedistas americanos da Equipe de Combate 517 Parachute Regimental preparam-se para os desembarques

▶ Canhão de 88 milímetros alemão no sul da França

▼ Jean de Lattre de Tassigny, líder da resistência francesa, caminha pelas ruas de Marselha livre

▼▼ Desembarque da 3ª Divisão de Infantaria

Wikimedia Commons

Wikimedia Commons

Wikimedia Commons

# BATALHA DE ARNHEM

## 17 a 26 de setembro

Grande combate travado entre as forças do Exército alemão e das tropas aliadas nas cidades holandesas de Arnhem, Oosterbeek, Wolfheze, Driel pela reconquista desse território.
A resistência alemã foi tenaz e, depois de nove dias de combate intenso, o que sobrou das unidades paraquedistas britânicas recuou na chamada Operação Berlim. Os aliados não conseguiram avançar muito na Holanda, e as divisões paraquedistas britânicas sofreram pesadas baixas – estimadas em 75% de sua força

▲ Marechal de Campo Walter Model discute a situação batalha com o Heinz Harmel, comandante da Divisão SS Panzer "Frundsberg"

▲▶ Winston Churchill, a bordo do destroier HMS Kimberley durante as operações

▼ Prisioneiros de guerra britânicos

▶ Vista aérea da ponte sobre o Rio Reno baixo, Arnhem; as tropas britânicas e veículos blindados alemães destruídos são visíveis na extremidade superior da ponte

Wikimedia Commons

◄ Homens vigiando o perímetro

◄▼ Soldados britânicos movem-se através de um edifício em ruínas em Oosterbeek

▼ Dois soldados posicionados em trincheira perto de Oosterbeek (18 de setembro)

▼▼ Cruzadores e navios de guerra bombardeiam a praia

Wikimedia Commons

Wikimedia Commons

## BATALHA DE PELELIU

A Batalha de Peleliu, codinome Operação Stalemate II, foi um combate sangrento no Teatro de Operações do Pacífico entre americanos e japoneses pela captura de uma pista de pouso em uma pequena ilha de coral. "A maior [batalha] de toda a história dos Marines", conforme o Museu Nacional dos Fuzileiros, Peleliu é considerada uma das ações militares mais controversas da história americana por causa do valor estratégico questionável da ilha e do alto número de baixas. Com efeito, Peleliu teve a maior média de mortes entre todas as batalhas travadas na Guerra no Pacífico

Wikimedia Commons

▶ Fuzileiros navais feridos na batalha de Peleliu num hospital em Guadalcanal

▼ Linha de frente, sinal de alerta sobre Peleliu (outubro 1944)

▶▼ Fuzileiros navais em suas trincheiras

▼▼ Um fuzileiro naval ferido recebe ajuda

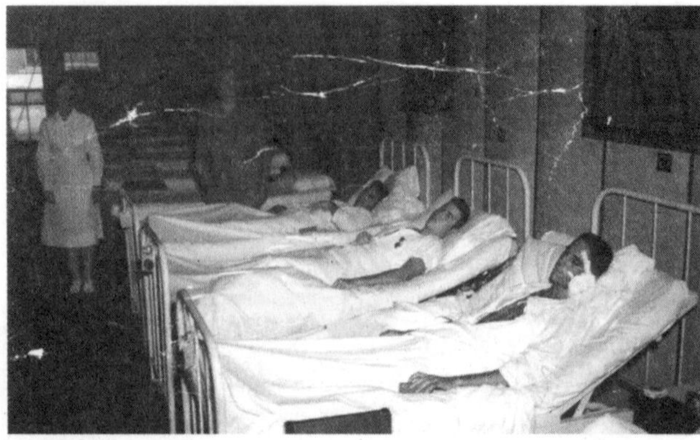

Wikimedia Commons

Wikimedia Commons

Wikimedia Commons

Wikimedia Commons

Wikimedia Commons

Wikimedia Commons

# BATALHA DE AACHEN

## 2 e 21 de outubro

Esta batalha, travada na cidade alemã do mesmo nome, aconteceu quando a Wehrmacht recuou até a fronteira alemã depois de ter sido derrotada na França, chegando até a Linha Siegfried, onde reconstituíram parcialmente suas forças. Os americanos cercaram, então, a cidade, defendida pelo LXXXI Corpo de Exército alemão. A 1ª e a 30ª Divisões de Infantaria americanas, apoiadas por outras unidades, que participaram da batalha sofreram pelo menos cinco mil baixas, enquanto os alemães perderam pouco mais que esse número e tiveram cerca de 5,6 mil homens aprisionados.

Wikimedia Commons

Wikimedia Commons

**▲▲◀ Prisioneiros alemães em Aachen**

**▲▲ Granadeiros alemães, patrulha perto de Aachen, Alemanha**

**▲ Soldados da infantaria motorizada alemã num meia-lagarta Sd.Kfz. 251**

**◀ Uma equipe de metralhadora do 2º Batalhão, 26ª Infantaria com uma M1919 Browning combate a Wehrmacht em seu próprio país**

Wikimedia Commons

# BATALHA DA FLORESTA DE HÜRTGEN

## 19 de setembro de 1944 a 10 de fevereiro de 1945

A série de confrontos travados entre americanos e nazistas na floresta de Hürtgen, na fronteira entre a Bélgica e a Alemanha, se tornaria a batalha mais longa travada em solo alemão durante toda a guerra e também a batalha mais longa já lutada pelo Exército norte-americano. Os engajamentos em Hürtgen custaram ao 1° Exército americano 33 mil baixas e 28 mil aos alemães comandados por Walter Model. O alto preço de Hürtgen levou os aliados a se referirem ao evento como "uma derrota de primeira magnitude", creditada ao talento do general nazista Model

Wikimedia Commons

**◀ Artilheiro alemão carrega um canhão antiaéreo**

**▶▲ Um jipe através da floresta de Hürtgen**

**▶ Um morteiro pesado alemão disparando contra posições americanas (22 de novembro)**

**▼ Uma meia-lagarta do 16° Regimento de Infantaria, 1ª Divisão na Floresta Hürtgen, (15 de fevereiro)**

**▼▶ Uma casa de fazenda na rota principal através de Hürtgen serviu como abrigo para o quartel-general do 121° Regimento de Infantaria, 8ª Divisão de infantaria, XIX Corps, 9° Exército dos EUA. Os soldados apelidaram a casa de "Hürtgen Hotel"**

Wikimedia Commons

Wikimedia Commons

Wikimedia Commons

# BATALHA DO GOLFO DE LEYTE

## 23 a 26 de outubro

Travada nas águas ao redor da ilha de Leyte, nas Filipinas, a Batalha do Golfo de Leyte foi a maior batalha naval da história contemporânea, envolvendo combates correlacionados: Batalha do Mar de Sulu, Batalha do Estreito de Surigao, Batalha do Cabo Engaño e Batalha de Samar. Leyte foi, também, o último grande confronto naval da Segunda Guerra Mundial, uma vez que depois dessa derrota a Marinha Imperial japonesa não tinha mais condições de reunir uma força naval significativa. Nessa batalha, os japoneses lançaram mão, pela primeira vez na guerra, de ataques suicidas realizados por pilotos kamikazes em aviões carregados de explosivos

Wikimedia Commons

Wikimedia Commons

Wikimedia Commons

**▲▲ O porta-aviões da Marinha dos EUA USS Princeton (CVL-23) em chamas depois de ser atingido por uma bomba japonesa em 24 de outubro**

**▲ A tripulação do Zuikaku saúda a bandeira enquanto ela é baixada durante a batalha de Cabo Engaño**

**◀ St. Lo explode atingido por um ataque suicida**

**▼ O Yamato, nau capitânia do almirante Kurita, em Brunei**

**▼▶ Almirante William F. "Bull" Halsey - Comandante da Terceira Frota no Golfo de Leyte**

Wikimedia Commons

Wikimedia Commons

Wikimedia Commons

# BATALHA DE MONTE CASTELO

## 24 de novembro de 1944 a 21 de fevereiro de 1945

A Batalha de Monte Castelo, travada ao final da Segunda Guerra Mundial entre as tropas aliadas e forças alemãs, foi a primeira que a Força Expedicionária Brasileira (FEB) participou, marcando sua estreia na guerra. A batalha arrastou-se por três meses, durante os quais se efetuaram seis ataques, com grande número de baixas brasileiras

◀ **Soldados brasileiros cumprimentam civis italianos na cidade de Massarosa (setembro 1944)**

◀▼ **O general alemão Otto Fretter-Pico, comandante da Divisão de Infantaria 148, e o general italiano Mario Carloni, em 28 de abril de 1945**

▼ **P-47s da 1° GAVCA com o emblema brasileiro "Senta a Pua!" e as estrelas da FAB**

▼▼ **Uma Cia do III Batalhão do 11° Regimento da Força Expedicionária Brasileira na Itália**

Wikimedia Commons

Wikimedia Commons

Wikimedia Commons

# OPERAÇÃO RAINHA

Essa ofensiva começou em 16 de novembro de 1944, com um dos mais pesados bombardeios aliados da guerra. No entanto, o avanço aliado foi inesperadamente lento por conta da resistência alemã, especialmente na Floresta Hürtgen. Em meados de dezembro os aliados finalmente chegaram ao Rur, seu objetivo, mas os alemães lançaram uma ofensiva, a Wacht am Rhein, que levou à Batalha das Ardenas, impedindo a ação aliada na Alemanha até fevereiro 1945

Wikimedia Commons

▲ Os alemães Rundstedt (meio) e Model (esquerda) no planejamento da Ofensiva de Ardenas

▼◀ A barragem Schwammenauel no Rur, um dos pontos que os aliados procuraram conquistar

▼ Engenheiros fazem reparos uma estrada enlameada na floresta Hürtgen

▼▼◀ Tanque alemão Tiger II capturado pelos americanos, com estrela improvisada

▼▼ (Da esquerda para a direita) Bradley, Gerow, Eisenhower e Collins, os líderes americanos

Wikimedia Commons

Wikimedia Commons

Wikimedia Commons

Wikimedia Commons

Wikimedia Commons

# A BATALHA DAS ARDENAS

## 16 de dezembro de 1944 a 25 de janeiro de 1945

A Batalha das Ardenas foi a grande contraofensiva alemã na Europa Ocidental na floresta das Ardenas, na Valônia, Bélgica, também abrangendo áreas da França e Luxemburgo. As forças aliadas foram pegas completamente de surpresa, com suas linhas muito espalhadas enfrentando uma força inimiga inicialmente superior. Lutas intensas em meio ao frio e o terreno que favorecia a defesa atrasaram os alemães. Os reforços aliados, incluindo o poderoso 3º Exército do general americano George Patton e, com a melhoria das condições climáticas, a esmagadora superioridade aérea, possibilitaram que as forças alemãs e suas linhas de suprimentos fossem aniquiladas, determinando o fracasso da ofensiva. Apesar do sucesso dos aliados, o preço foi alto: os americanos sofreram entre 70 a 90 mil baixas, das quais 19 mil foram óbitos, o que fez da Batalha das Ardenas a mais sangrenta para os americanos na Segunda Guerra

Wikimedia Commons

Wikimedia Commons

▲▲ Paraquedistas da 82ª Divisão Aerotransportada, EUA, durante a Operação Market Garden, setembro 1944

▲ Comandantes de campo alemães planejam o avanço

▶ Civis belgas mortos por unidades alemãs durante a ofensiva

▼ Prisioneiros de guerra americanos (22 de dezembro)

Wikimedia Commons

Wikimedia Commons

■ Tropas alemãs avançam passando numa área com equipamentos americanos abandonados

# OFENSIVA DE PRAGA

A ofensiva de Praga foi a última grande operação da União Soviética no cenário europeu da Segunda Guerra Mundial. A batalha durou de 6 até 11 de maio de 1945, ocorrendo junto com o levante de Praga. Todos os soldados do Grupo de Exércitos do Centro alemão foram capturados ou mortos

Wikimedia Commons

Wikimedia Commons

▲ O marechal Konev saudando os soviéticos ao entrarem em Praga (9 de maio de 1945)

◀ A operação em Praga (maio de 1945)

▼ Cemitério Olshansky, em Praga: local de sepultamento dos soldados soviéticos que morreram durante a libertação da cidade

Wikimedia Commons

Wikimedia Commons

# 1945

## OPERAÇÃO DESPERTAR DA PRIMAVERA

### 6 a 16 de março

A Operação Frühlingserwachen, ou, em português, "Despertar da Primavera" foi uma grande ofensiva militar alemã lançada na Hungria, na Frente Oriental. O ataque se concentrou na área do lago Balaton, na Hungria, onde estavam localizadas as últimas reservas de petróleo dos alemães. Apesar do sucesso inicial da ofensiva devido ao efeito do ataque surpresa, os soviéticos se reagruparam rapidamente e lançaram uma forte contraofensiva, repelindo os alemães que bateram em retirada. Os soviéticos continuaram seu avanço na Hungria, que viria a capitular poucas semanas após o fracassado ataque

Wikimedia Commons

◀▲ Corpos de soldados alemães mortos sendo retirados

◀ O Panzer VI "Tiger 2" foi utilizado em grande número e durante a retirada

▼ Hungria, Richtung Plattensee

Wikimedia Commons

## BATALHA DE MANILA

### 3 de fevereiro e 3 de março

Travada entre americanos, filipinos e japoneses pela posse da capital das Filipinas, a Batalha de Manila foi o maior combate urbano da Guerra do Pacífico. A ação encerrou o domínio japonês de três anos nas Filipinas ao preço de um banho de sangue e da devastação total de Manila

▲▲◀ O tenente-general Otto Wohler comandante de infantaria do Grupo do Exército do Sul

▲▲ Tenente-general Josef Dietrich, comandante do corpo de blindados da SS

▲ Ponte Jones, Manila

◀ A destruição na Cidade Murada (distrito Intramuros) de idade Manila (maio 1945)

▲◀ Prédio legislativo em Manila antes da libertação

▲ Manila declarada cidade aberta

◀ As tropas norte-americanas no estádio de beisebol Rizal, Manila (16 de fevereiro)

▼ Os civis de Manila fugindo da cidade (10 fevereiro)

Wikimedia Commons

Wikimedia Commons

Wikimedia Commons

◀ Soldados americanos combatendo na cidade murada (27 de fevereiro)

▲ Tanque M4 Sherman nas ruínas do portão do Forte de Santiago (28 de fevereiro)

▲▶ Prédio Legislativo

▶ Catedral de Manila depois da batalha

▼ Danos causados por incêndio na Central do Correio de Manila

Wikimedia Commons

Wikimedia Commons

Wikimedia Commons

Wikimedia Commons

# BATALHA DE IWO JIMA

## 19 de fevereiro a 26 de março

Depois de libertar as Filipinas, os aliados atacaram o Japão. Os fuzileiros americanos tomaram a ilha de Iwo Jima na Operação Detachment em fevereiro de 1945 e, em seguida, Okinawa. Durante a batalha, os japoneses empregaram pilotos suicidas, os kamikazes. Mesmo assim, foram derrotados, e os EUA conquistaram o controle de Iwo Jima e dos campos aéreos localizados na ilha

▲ **Canhão de 37 mm contra posições japonesas localizadas em cavernas nas montanhas dm Iwo Jima**

▲▶ **General Naomichi Kuribayashi, comandante japonês de Iwo Jima**

▶ **O navio de guerra USS New York disparando sua bateria principal contra a ilha (16 de fevereiro)**

▼ **Tanques M4A3 Sherman equipados com lança-chamas usados para atacar bunkers japoneses**

Wikimedia Commons

Wikimedia Commons

Wikimedia Commons

Wikimedia Commons

◀ Bandeira dos EUA no monte Suribachi: vitória

▲ Major-general Keller Rocky, comandante do Corpo de Fuzileiros Navais

▼ Fuzileiros navais desembarcando na praia em Iwo Jima

Wikimedia Commons

Wikimedia Commons

Wikimedia Commons

▲ Fuzileiros navais americanos posam com uma bandeira japonesa capturada numa casamata destruída

▲▶ O comandante americano major-general Harry Schmidt

▶ Oficial americano identificado como tenente Wade discute a importância global do alvo em uma apresentação anterior à invasão

▼ Fuzileiros navais do 24º Regimento da Marinha durante a batalha de Iwo Jima

▼▶ Harry Truman parabeniza Hershel Williams da Terceira Divisão da Marinha condecorando-o com a Medalha de Honra (5 de outubro de 1945)

Wikimedia Commons

Wikimedia Commons

Wikimedia Commons

Wikimedia Commons

# BATALHA DE HALBE

## 24 de abril a 1 de maio

Na Batalha de Halbe, travada em território alemão como parte da invasão soviética, o 9º Exército alemão, sob comando do coronel-general Theodor Busse foi quase completamente destruído pelo Exército Vermelho. Depois de violentos combates, cerca de 30 mil soldados alemães conseguiram romper o cerco a que estavam submetidos e se reunir ao 12º Exército atrás das linhas. O restante da tropa foi morta ou capturada pelos soviéticos

# BATALHA DE BERLIM

## 20 de abril a 2 de maio

A Operação de Ofensiva Estratégica de Berlim promovida pela União Soviética foi a última grande ofensiva do Teatro Europeu na Segunda Guerra. Teve início quando o Exército Vermelho rompeu a linha alemã em consequência da Ofensiva Vístula-Oder, avançanco rapidamente até uma posição a 60 km a leste de Berlim. A partir de então, dois grupos do exército soviético atacaram a capital alemã em duas frentes: uma ao leste e outra ao sul. Ao mesmo tempo, uma terceira força soviética derrotou as tropas alemãs posicionadas ao norte de Berlim, seguida da invasão da cidade pelos soviéticos. Foi uma das batalhas mais sangrentas da Segunda Guerra. As forças soviéticas tiveram 81.116 óbitos durante toda a operação, e 280.251 feridos na ofensiva, além de perderem cerca de dois mil veículos blindados. As baixas alemãs são contraditórias. Os soviéticos afirmaram ter matado 458.080 e capturado 479.298, os alemães afirmam que o número de mortes ficou entre 92 e 100 mil e estimaram em 125 mil o número de civis mortos

Wikimedia Commons

Wikimedia Commons

Wikimedia Commons

▲▲◀ Marechal de Campo Theodor Busse (em pé, à direita) em uma reunião com Hitler, março 1945

▲▲ Marechal de Campo Günther von Kluge (esquerda) e Gotthard Heinrici, comandantes alemães

▲ Uma rua devastada no centro da cidade depois da batalha

◀ Soldado da Volkssturm com disparador de foguete anti-tanque Panzerschreck, numa trincheira em campo aberto

Wikimedia Commons

Wikimedia Commons

▲ Mulheres alemãs lavando roupa num hidrante numa rua de Berlim

▲▶ O menino combatente Will Hübner sendo premiado com a medalha de Classe Cruz de Ferro II

▶ Fogo após ataque aéreo em Berlim em 1944

▼ O Oriente encontra o Ocidente: 2º tente William Robertson, Exército dos EUA, e tenente Alexander Sylvashko, Exército Vermelho, simbolizando o encontro histórico dos exércitos soviéticos e americanos, perto de Torgau, Alemanha

▼▶ Artilharia Soviética

Wikimedia Commons

Wikimedia Commons

Wikimedia Commons

Wikimedia Commons

◄ Soldados da Volkssturm, a milícia nacional nazista

◄▼ Depois da conquista de Berlim pelo Exército Vermelho, soldados soviéticos içam bandeira soviética numa casa

▼ Marechal de Campo Wilhelm Keitel assinando em 9 Maio de 1945 o ato de rendição incondicional da Wehrmacht

▼▼ Moradores cortam a carne de um cavalo

Wikimedia Commons

Wikimedia Commons

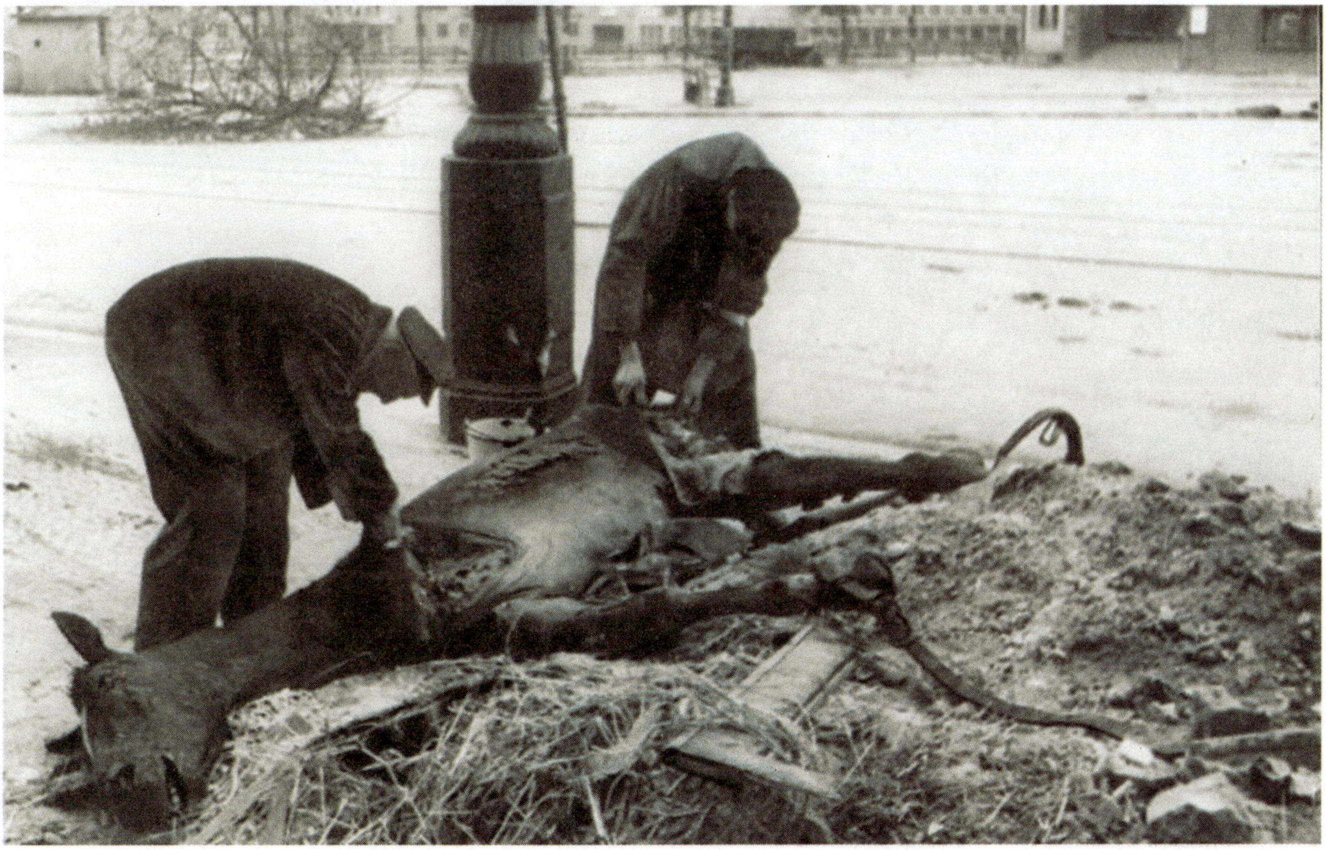

Wikimedia Commons

■ Soldados alemães entregando as armas

Wikimedia Commons

# O HOLOCAUSTO

Quando os americanos e soviéticos entraram no território controlado pelos nazistas no Leste europeu, descobriram algo impensável: campos de extermínio, que, diferentemente dos campos de prisioneiros, destinavam-se à eliminação de grupos considerados indesejados pelos nazistas, durante o Terceiro Reich. As vítimas foram principalmente os judeus, mas também comunistas, homossexuais, ciganos, deficientes motores, atrasados mentais, prisioneiros de guerra soviéticos, membros da elite intelectual polonesa, russa e de outros grupos eslavos, ativistas políticos, testemunhas de Jeová, alguns sacerdotes católicos e protestantes, sindicalistas, pacientes psiquiátricos e criminosos de delito comum. Todos pereceram lado a lado nos campos de concentração e de extermínio

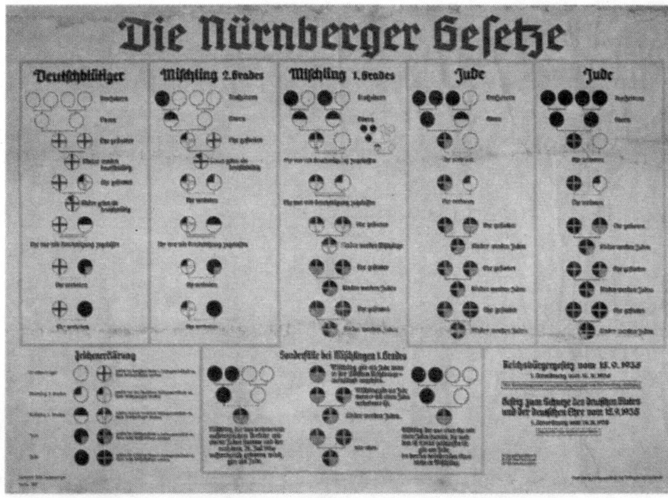


Wikimedia Commons

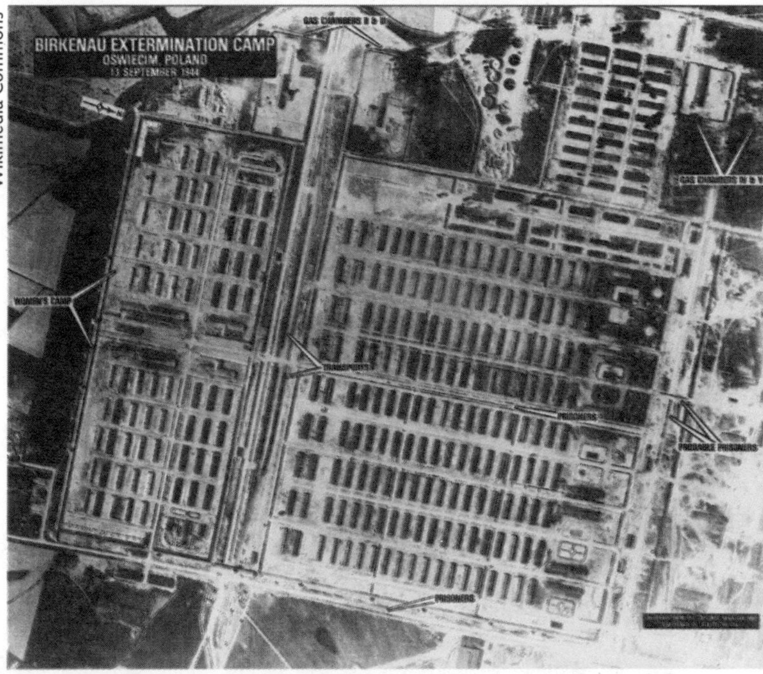


Wikimedia Commons

▶▲ Carta de classificação racial baseada nas Leis de Nuremberg de 1935

▶ Auschwitz–Birkenau em 13 de setembro 1944

▼ Identidade prisional de uma adolescente polonesa de 14 anos enviada para o campo de Auschwitz para realizar trabalhos forçados em dezembro de 1942

Wikimedia Commons

Wikimedia Commons

Wikimedia Commons

Everett Historical / Shutterstock.com

Wikimedia Commons

**▲▲◀ Cova coletiva de judeus em Zolochiv, Ucrânia**

**▲▲ Corpos de prisioneiros executados no campo de extermínio de Buchenwald**

**▲ Prisioneiros do campo de Buchenwald. À frente, dois homens apoiam um companheiro, pois aqueles que desmaiavam eram quase sempre executados**

**◀ Execução de judeus por unidades móveis de extermínio (Einsatzgruppen). Na imagem, a mulher tenta defender, em vão, a criança com o próprio corpo**

**▶ Lager Nordhausen, onde vinte mil pessoas perderam suas vidas**

Wikimedia Commons

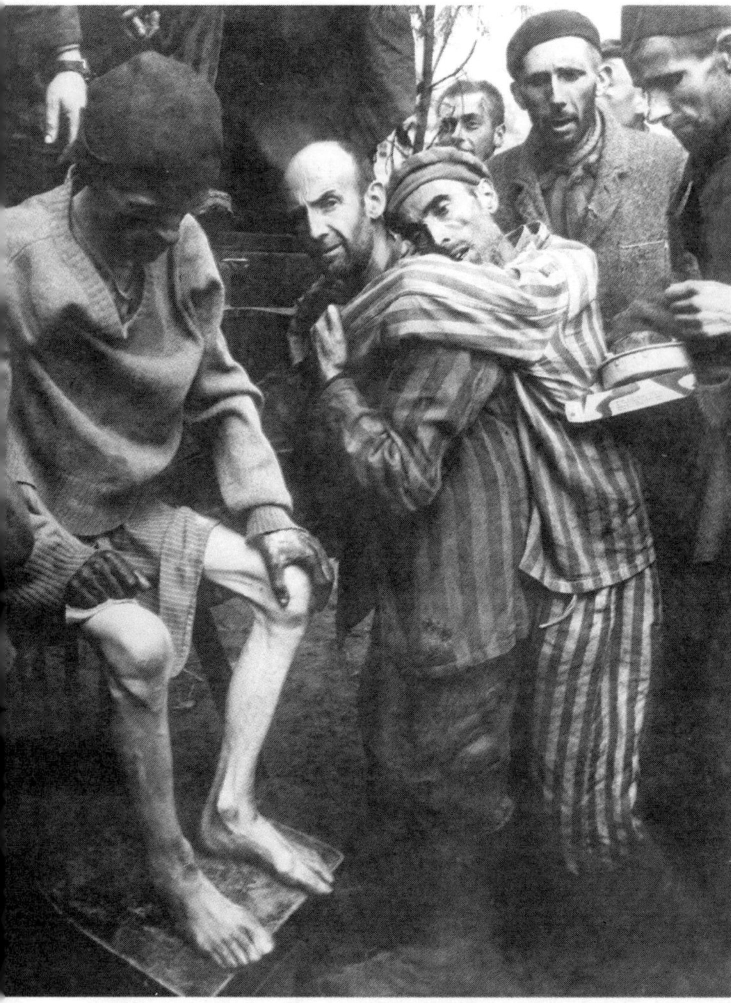

Everett Historical / Shutterstock.com

Wikimedia Commons

◀ Prisioneiros libertados do campo de Wobbelin embarcando para receber socorro médico (maio de 1945)

▲ Soldados da SS ao lado de corpos de judeus que se suicidaram para não serem capturados com vida (Gueto de Varsóvia, 1943)

▼ Seleção e separação de prisioneiros na estação de trem do campo de extermínio de Auschwitz - Birkenau, na Polônia, 1944

Everett Historical / Shutterstock.com

Everett Historical / Shutterstock.com

Everett Historical / Shutterstock.com

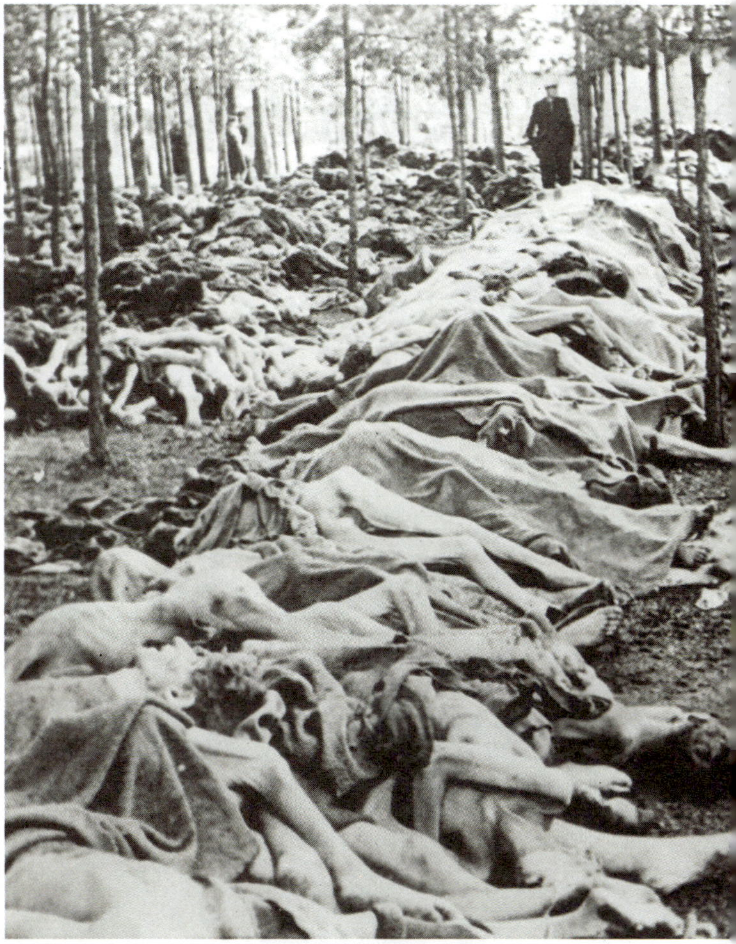

Everett Historical / Shutterstock.com

Marta Tobolova / Shutterstock.com

▲▲◀ Milhares de alianças de ouro retiradas das vítimas do Holocausto

▲▲ Corpos de prisioneiros empilhados nos arredores do campo de Belsen (c. 1945)

◀ Cadáveres de prisioneiros de Mauthausen-Gusen (maio de 1945)

▲ Fornos crematórios do campo de extermínio de Mauthausen

Wikimedia Commons

# BATALHA DE OKINAWA

## 1 de abril a 22 de junho

Esta batalha recebeu seu nome da ilha no arquipélago de Ryukyu onde foi travada. Foi o maior ataque anfíbio da Campanha do Pacífico e a maior batalha marítimo-terrestre-aérea da história. Okinawa foi também a última maior batalha da guerra. Em Okinawa havia uma grande população, e as baixas civis na batalha foram de pelo menos 130 mil. Os americanos sofreram mais de 72 mil baixas, das quais 15,9 mil foram mortos ou desaparecidos. Entre os japoneses, as baixas atingiram a cifra de 107 mil soldados mortos ou capturados. Muitos entre os japoneses preferiram cometer suicídio a serem capturados

Wikimedia Commons

Wikimedia Commons

▲▲ Dois fuzileiro navais do 2º Batalhão combatem na serra de Wana (18 de maio)

▲ Porta-aviões Americano, USS Bunker Hill em chamas após ter sido atingido por dois aviões kamikazes

▶ Crianças usadas como soldados em Okinawa

▼ Comandantes japoneses de Okinawa: do número 1 ao 4, almirante Minoru Ota, tenente-general Mitsuru Ushijima, tenente-general Isamu Cho, e Coronel Hiromichi Yahara (fevereiro de 1945)

Wikimedia Commons

Wikimedia Commons

▲ Aviões aquecendo seus motores antes da descolagem

▶ Fuzileiros navais americanos passam por um soldado japonês morto em uma aldeia destruída (abril de 1945)

▼ Reforços dos EUA em Okinawa (1 de abril de 1945)

▼▶ O Super encouraçado Yamato explode após os persistentes ataques dos aviões americanos

Wikimedia Commons

Wikimedia Commons

Wikimedia Commons

Wikimedia Commons

Wikimedia Commons

Wikimedia Commons

▲◀ A sexta equipe de demolição da Marinha detonando cargas explosivas para destruir uma caverna japonesa, maio 1945

▲ Soldados americanos da 77ª Divisão de Infantaria ouvem notícias pelo rádio sobre o Dia da Vitória na Europa (8 de maio de 1945)

◀ O tenente-coronel Richard P. Ross, comandante do 1º Batalhão dos fuzileiros colocando uma bandeira em um parapeito do Castelo de Shuri em 30 de maio

◀▼ Um grupo de prisioneiros japoneses capturados na ilha de Okuku em junho de 1945

▶ Dois Americanos da Guarda Costeira fazem homenagem ao seu companheiro morto nas ilhas Ryukyu

▼ Um prisioneiro de guerra japonês

Wikimedia Commons

Wikimedia Commons

Wikimedia Commons

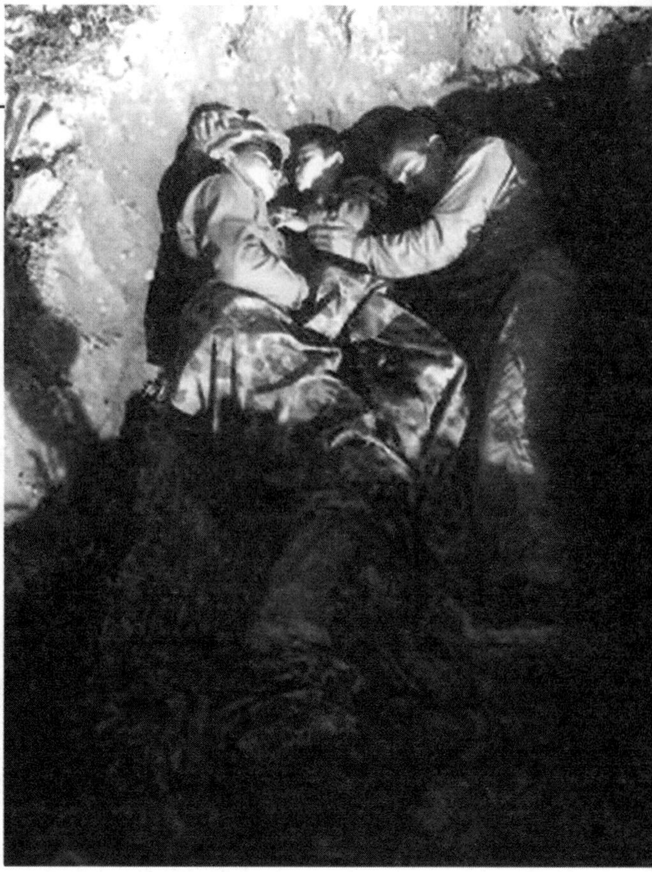

Wikimedia Commons

▲◀ Demonstração de voo da Força Aérea depois da vitória

▲ Dois fuzileiros navais americanos dividem uma trincheira com um órfão de guerra de Okinawa em abril de 1945

◀ Almirante Spruance, almirante Nimitz e tenente-general Buckner comandantes da Operação Iceberg, durante a Batalha de Okinawa

▼ Um avião de observação americano voa sobre o Razer Naga, Okinawa (maio de 1945)

Wikimedia Commons

Wikimedia Commons

▶ Bombardeiros americanos sobre Hokadate, Japão, em julho de 1945

▼ Vítimas: o corpo de uma mulher e da criança que ela carregava nas costas

▼▼ Bombas incendiárias caindo sobre Osaka, em junho de 1945

▼▼▼ Corpos carbonizados de civis, em Tóquio, depois do bombardeio da noite de 9-10 de março de 1945

Everett Historical / Shutterstock.com

Wikimedia Commons

Everett Historical / Shutterstock.com

# BOMBARDEIOS

Entre junho e agosto de 1944, os aliados capturaram ilhas no Pacífico que permitiram a construção de bases aéreas, possibilitando um aumento na campanha de bombardeio a partir de outubro de 1944. Em janeiro de 1945, os americanos mudaram de tática e passaram a fazer bombardeios incendiários contra as cidades japonesas, buscando destruir fábricas e outras instalações produtivas, matar ou incapacitar os empregados civis dessas industrias e minar a moral do povo japonês

Wikimedia Commons

Wikimedia Commons

◀ Tóquio em chamas durante bombardeio incendiário realizado em 26 de maio de 1945

▼ Corpos de vítimas do bombardeio de 27 de maio de 1945, em Tóquio

◀▼ Os pais da bomba: Albert Einstein e Robert Oppenheimer. O primeiro concebeu a ideia, enquanto o segundo a executou

▼▼ O general Leslie Groves, chefe militar do Projeto Manhattan que construiu a bomba A, e Robert Oppenheimer

Wikimedia Commons

Wikimedia Commons

Wikimedia Commons

# A BOMBA A

Apesar dos bombardeios sobre Tóquio e do fim da guerra na Europa, o Japão recusava-se a aceitar as exigências de rendição incondicional feitas pelos aliados, e a Guerra no Pacífico continuava. Os aliados decidiram, então, usar sua mais terrível arma, a bomba nuclear

Wikimedia Commons

Wikimedia Commons

# HIROSHIMA E NAGASAKI

Em abril de 1945 o chefe do Estado Maior, general George Marshall, pediu ao diretor do Projeto Manhattan, Leslie Groves, que designasse alvos específicos no Japão. Groves formou, então, o Comitê de Alvo, que escolheu, entre outros alvos, as cidades de Hiroshima e Nagazaki

▲ Os aviões que tomaram parte no bombardeio de Hiroshima: da esquerda para a direita The Great Artiste, Enola Gay

◀▲ Efeitos da bomba A em Hiroshima

◀▼ Hiroshima depois do bombardeio atômico

▼ Menino com queimaduras nas mãos e nos olhos recebendo cuidados no Hospital da Cruz Vermelha de Hiroshima, em 10 de agosto de 1945

Wikimedia Commons

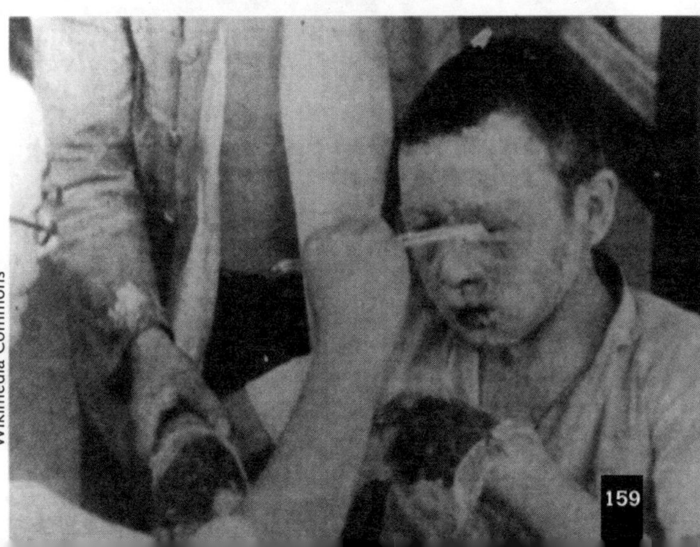

Wikimedia Commons

Everett Historical / Shutterstock.com

Wikimedia Commons

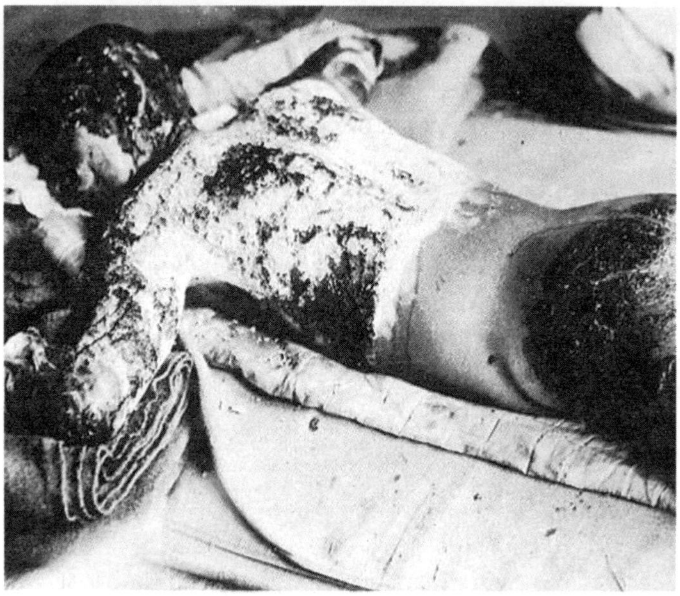

▲◀ A Fat Man, a segunda bomba atômica, lançada sobre Nagasaki

▲ O cogumelo atômico resultante da detonação da bomba sobre Nagasaki

◀ e ▼ Corpo de vítima da bomba atômica lançada sobre Hiroshima

Wikimedia Commons

▶ Estudante de 14 anos, vítima da bomba de Nagasaki

▼ Paciente ferido durante o bombardeio atômico de Nagasaki

▼▼ Vítima da bomba Fat Man, lançada sobre Nagasaki

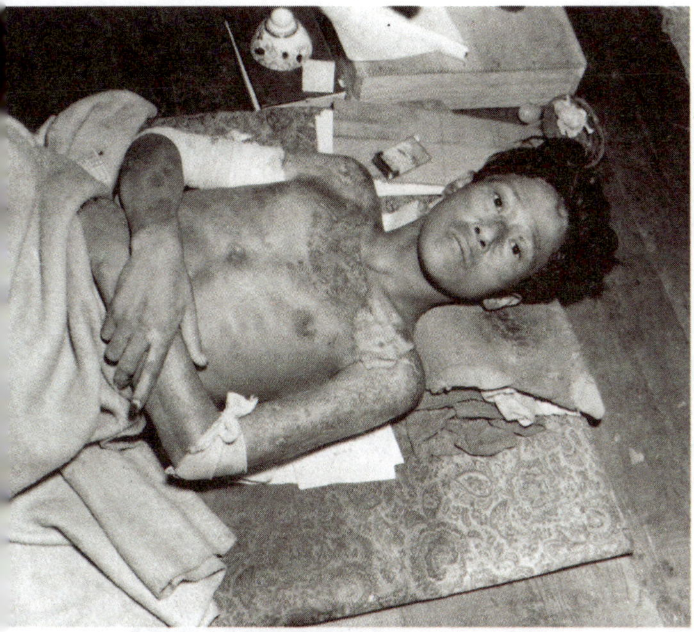

Wikimedia Commons

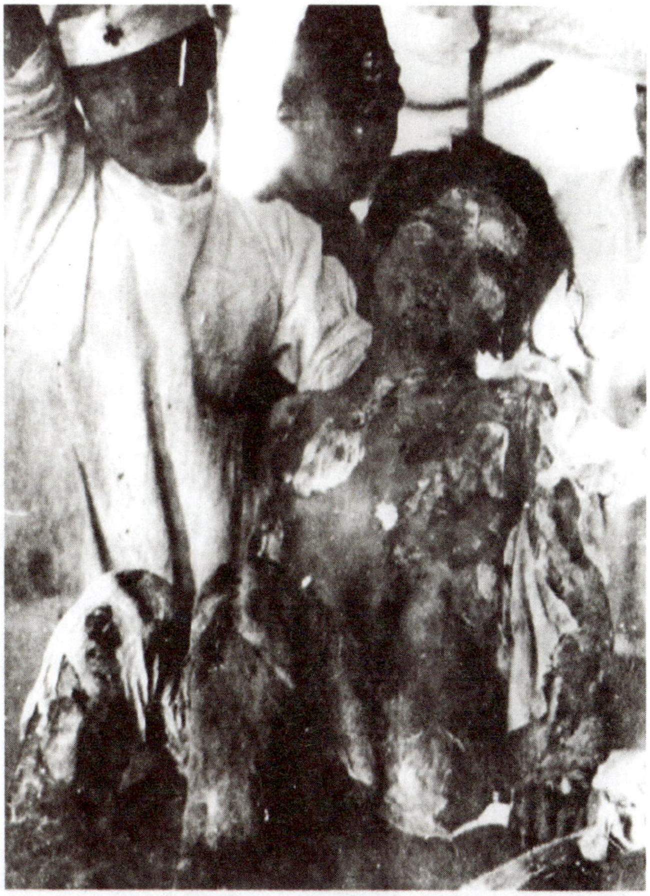

Wikimedia Commons

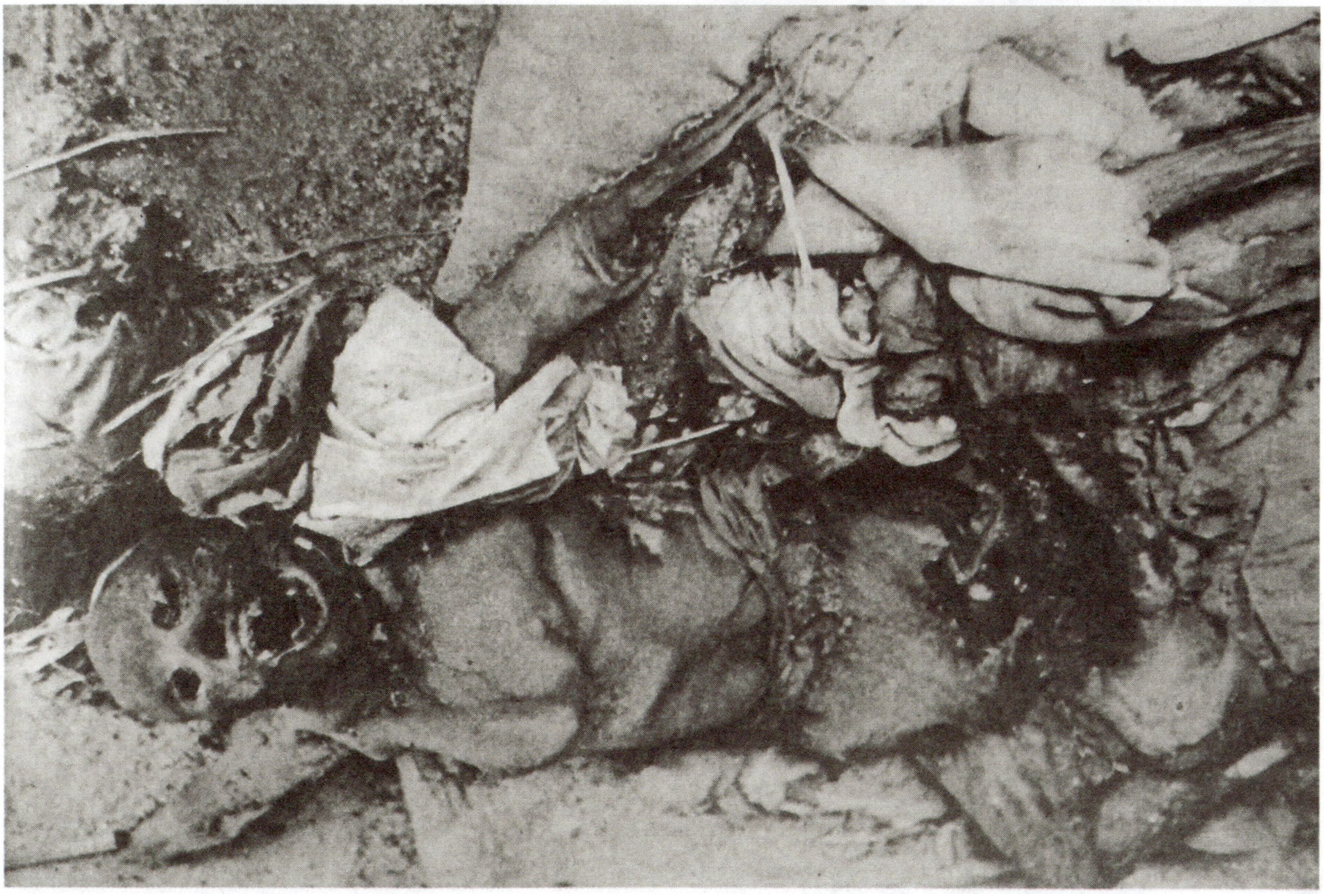

Wikimedia Commons

# 1945

## A RENDIÇÃO DO JAPÃO

Depois da devastação atômica sobre Hiroshima e Nagasaki, em 2 de setembro de 1945, o Japão se rendeu, pondo um fim à guerra mais sangrenta que a humanidade jamais vivera. No total, cerca de cinquenta milhões de pessoas, a maioria civis (cerca de 33 milhões), morreram, e uma nova ordem mundial foi instaurada. Na verdade, para muitos historiadores, a Segunda Guerra Mundial levou ao início de um novo período na história

■ O general americano Douglas McArthur durante a cerimônia de rendição, no navio ancorado na baía de Tóquio

Wikimedia Commons